Deep Learning

Eugene Charniak

The MIT Press

Cambridge, Massachusetts

London, England

INTRODUCTION TO
DEEP LEARNING
딥러닝 입문

EUGENE CHARNIAK 지음

천인국 옮김

역자 소개   천인국

1983년	서울대학교 전자공학과 공학사
1985년	한국과학기술원 전기및전자공학과 공학석사
1993년	한국과학기술원 전기및전자공학과 공학박사
1985년~1988년	삼성전자 종합연구소 주임 연구원
2005년	캐나다 UBC 방문 교수
1993년~현재	순천향대학교 컴퓨터공학과 교수

딥러닝 입문

발행일 2020년 3월 10일 초판 1쇄
지은이 Eugene Charniak
옮긴이 천인국
펴낸이 김준호
펴낸곳 한티미디어 | 서울시 마포구 동교로 23길 67 Y빌딩 3층
등 록 제15-571호 2006년 5월 15일
전 화 02) 332-7993~4 | **팩 스** 02) 332-7995
ISBN 978-89-6421-400-8 (93000)
가 격 20,000원

마케팅 노호근 박재인 최상욱 김원국 | **관 리** 김지영 문지희
편 집 김은수 유채원 | **내지/표지 디자인** 유채원

이 책에 대한 의견이나 잘못된 내용에 대한 수정정보는 한티미디어 홈페이지나 이메일로 알려주십시오.
독자님의 의견을 충분히 반영하도록 늘 노력하겠습니다.

홈페이지 www.hanteemedia.co.kr | **이 메 일** hantee@hanteemedia.co.kr

서문

| Preface |

저자는 오랜 인공지능 연구자로서, 그 중에서도 자연어 처리 분야가 전공입니다. 자연어 처리 분야는 최근에 딥러닝을 통해 혁명적인 변화를 겪고 있습니다. 신경망이 처음으로 의미 있는 결과를 제공했습니다. 불행하게도 저는 이 사실을 따라잡는 데 오랜 시간이 걸렸습니다. 신경망이 인기를 얻는 것은 벌써 세 번째이기 때문에 나는 이미 신경망을 잘 안다고 합리화하였습니다. 하지만 어느 순간 갑자기 시대에 뒤떨어졌다고 느끼게 되었으며 따라잡기 위해 고군분투했습니다. 그래서 나는 자존심 있는 교수들이 흔히 하는 일을 하였습니다. 즉, 신경망을 가르치는 수업을 만들고, 웹을 서핑하여 단기 집중 강좌를 시작했으며, 학생들이 내게 가르쳐 주도록 했습니다. (이 마지막 문장은 농담이 아닙니다. 특히, 학부생 강의 조교인 Siddarth (Sidd) Karram-cheti는 훌륭했습니다.)

이 책의 주요 특징은 다음과 같습니다. 먼저 이 책은 짧습니다. 나는 느린 학습자입니다. 둘째, 이 책은 프로젝트 중심입니다. 특히 컴퓨터 과학 분야의 많은 책들은 특정 주제별로 또는 특정 프로젝트를 중심으로 구성되어 있습니다. 차이를 확실히 하는 것이 좋은 경우가 많지만 나의 경우에는 프로그램을 작성하면서 학습하는 것이 가장 효과가 좋았습니다. 따라서 이 책에는 나의 학습 습관이 반영되어 있습니다. 이 방법이 딥러닝을 학습하는 가장 편리한 방법이었으며, 다른 사람들에게도 도움이 될 것으로 기대합니다.

이 책은 누구를 위한 책일까요? 많은 실무자들이 이 책을 유용하게 사용하기를 희망하지만, 나의 첫 번째 임무는 학생들을 가르치는 것입니다. 따라서 이 책은 주로 딥러닝 과정을 위한 교과서로 고안되었습니다. 내가 브라운대학교에서 가르치는 과정은 대학원생 및 학부생 모두를 위한 것이며 여기 있는 모든 내용을 다룹니다. (대학원 학점을 위해서는 중요한 최종 프로젝트를 수행하여야 합니다.) 선형 대수와 미적분 지식이 필요합니다. 선형 대수의 실제 사용은 그다지 많지 않지만 학생들은 선형 대수가 없으면 다층 신경망과 텐서에 대해 생각하는 것이 매우 어렵다고 나에게 말했습니다. 그러나 미적분은 훨씬 더 중요합니다. 미적분은 1장부터 등장합니다. 역전파 학습 알고리즘을 기초부터 강의할 때 미적분을 위한 추가적인 강의를 할 수도 있습니다. 마지막으로, 확률 및 통계에 대해 사전지식이 있어야 합니다. 이것은 설명을 단순화하므로 학생들이 이 과정을 수강하도록 독려하고 싶습니다. 또한 파이썬 프로그래밍에 대한 기초지식이 있다고 가정합니다. 이 책에는 포함시키지 않지만, 나의 수업에는 파이썬에 대한 추가 "실습 강의"가 있습니다.

이 책을 쓸 때 저자가 따라잡기를 수행했다는 사실은 모든 장의 "참고문헌 및 추가자료" 절에서 중요한 연구 논문을 언급하고 있는 이유를 설명합니다. 여러분은 기본적인 자료 외에도 많은 추가자료들을 찾을 수 있습니다. 이들 자료 중에는 교육적인 목적의 자료도 많습니다. 이들이 없었으면 이 책을 쓰기 힘들었을 것입니다.

2018년 1월

Eugene Charniak

역자 서문

| Preface |

최근에 딥러닝은 가장 흥미로운 학문 분야가 되었다. 딥러닝에 관한 책이 많이 등장하였지만, 상당히 난해하고 두껍다. 이 책은 간결하면서도 딥러닝의 흥미로운 분야를 다루고 있다. 비교적 최근에 나온 이 책은 저자의 독특한 접근 방법을 잘 보여 주고 있다. 이 책의 저자는 구체적인 예제를 들어서 모든 것을 설명한다. 이 책은 딥러닝의 전형적인 경로를 따르지 않는다. 처음부터 Mnist의 손글씨 예제를 사용하고 있다. 또한 완전하지는 않지만 파이썬 코드를 제공하고 있다. 파이썬을 수행하여 나온 실행 결과를 정성적으로 설명하는 것도 인상적이다.

　하지만 책이 간결하다 보니 설명이 충분치 못한 점도 있으리라고 생각한다. 아무쪼록 이 책이 딥러닝 학습에 조금이라도 도움이 된다면 역자로서 보람있는 일이 될 것이다. 항상 책의 미진한 부분이나 오류를 지적해 주시는 분들께 감사드린다.

2020년 2월

역자　**천인국**

차례

| Contents |

CHAPTER 1

순방향 신경망

| Feed-Forward Neural Nets |

딥러닝(*deep learning*, 또는 신경망[*neural nets*])을 학습할 때, 컴퓨터 비전(computer vision)의 문제를 가지고 접근하는 것은 상당히 일반적이다. 왜냐하면, 인공 지능의 한 분야인 컴퓨터 비전은 혁명적으로 기술을 발전시켜 왔고, 컴퓨터 비전에서는 화소의 밝기가 실수(real number)로 자연스럽게 표현되기 때문이다. 실수는 신경망이 입력받아서 처리할 수 있다.

보다 구체적으로, 필기체 숫자(0부터 9까지) 인식 문제를 고려해 보자. 우리가 보는 장면을 영상으로 만들기 위해서는 카메라가 있어야 한다. 카메라 안에는 광센서가 있어서 빛을 컴퓨터가 처리할 수 있는 전기적 신호로 바꾼다. 또 디지털 컴퓨터로 처리할 것이기 때문에 우리는 영상을 이진화하여야 한다. 즉 빛의 강도와 색상을 2차원 배열 형태의 숫자로 표현하여야 한다. 다행히도 우리는 이런 작업들이 이미 이루어진 온라인 데이터를 가지고 있다. 이것은 Mnist 데이터 집합이라고 불린다. (여기서 "nist"란 이름이 붙은 이유는 미국표준연구소[*National Institute of Standards*, NIST]에서 만들었기 때문이다. 미국표준연구소가 이 데이터를 수집하였다.) Mnist 데이터에서 각 영상은 그림 1.1에서와 같이 28×28 크기의 정수 배열이다. (그림 1.1에서는 지면 관계로 왼쪽 및 오른쪽 일부 영역을 제거하였다.)

그림 1.1에서 0은 흰색, 255는 검은색으로, 다른 숫자는 회색이라고 생각할 수 있다. 이 숫자를 화소값(*pixel value*)이라고 부른다. 화소(*pixel*)는 영상에서 컴퓨터가 식별할 수 있는 가장 작은 부분이다. 화소의 실제 크기는 카메라가 물체 표면으로부

	7	8	9	10	11	12	13	14	15	16	17	18	19	20
0	0	0	0	0	0	0	0	0	0	0	0	0	0	0
1	0	0	0	0	0	0	0	0	0	0	0	0	0	0
2	0	0	0	0	0	0	0	0	0	0	0	0	0	0
3	0	0	0	0	0	0	0	0	0	0	0	0	0	0
4	0	0	0	0	0	0	0	0	0	0	0	0	0	0
5	0	0	0	0	0	0	0	0	0	0	0	0	0	0
6	0	0	0	0	0	0	0	0	0	0	0	0	0	0
7	185	159	151	60	36	0	0	0	0	0	0	0	0	0
8	254	254	254	254	241	198	198	198	198	198	198	198	198	170
9	114	72	114	163	227	254	225	254	254	254	250	229	254	254
10	0	0	0	0	17	66	14	67	67	67	59	21	236	254
11	0	0	0	0	0	0	0	0	0	0	0	83	253	209
12	0	0	0	0	0	0	0	0	0	0	22	233	255	83
13	0	0	0	0	0	0	0	0	0	0	129	254	238	44
14	0	0	0	0	0	0	0	0	0	59	249	254	62	0
15	0	0	0	0	0	0	0	0	0	133	254	187	5	0
16	0	0	0	0	0	0	0	0	9	205	248	58	0	0
17	0	0	0	0	0	0	0	0	126	254	182	0	0	0
18	0	0	0	0	0	0	0	75	251	240	57	0	0	0
19	0	0	0	0	0	0	19	221	254	166	0	0	0	0
20	0	0	0	0	0	3	203	254	219	35	0	0	0	0
21	0	0	0	0	0	38	254	254	77	0	0	0	0	0
22	0	0	0	0	31	224	254	115	1	0	0	0	0	0
23	0	0	0	0	133	254	254	52	0	0	0	0	0	0
24	0	0	0	61	242	254	254	52	0	0	0	0	0	0
25	0	0	0	121	254	254	219	40	0	0	0	0	0	0
26	0	0	0	121	254	207	18	0	0	0	0	0	0	0
27	0	0	0	0	0	0	0	0	0	0	0	0	0	0

그림 1.1 Mnist의 이진화된 영상

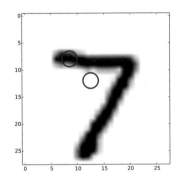

그림 1.2 그림 1.1의 화소값으로 그린 영상

터 얼마나 멀리 떨어져 있는지에 의하여 결정된다. 하지만 현재의 간단한 숫자 인식 문제에서는 이것에 대해 걱정할 필요는 없다. 그림 1.1의 흑백 영상은 그림 1.2에 표시되어 있다.

이 영상을 어떻게 식별할 것인지를 생각해 보자. 자세히 보면 간단한 알고리즘을 사용해도 될 것처럼 보인다. 예를 들어, [8, 8] 위치에 있는 화소는 상당히 어둡다. 이것이 "7"의 영상이라는 것을 감안할 때 이것은 당연하다. 또 7은 중간에 밝은 부분을 가지고 있다. 예를 들어서 [13, 13] 위치의 화소값은 0이 된다. 이것을 숫자 "1"과 비교해 보자. 숫자 "1"은 이들 2개의 위치에 대하여 정반대의 값을 가진다. 왜냐하면 일반적으로 숫자 "1"을 그릴 때, 왼쪽 상단 구석은 비어 있지만 중간 부분은 채워져 있기 때문이다. 이러한 약간의 아이디어만으로 우리는 숫자를 식별하는 많은 휴리스틱(경험적인 규칙)을 고안할 수 있다. **휴리스틱**(*heuristics*)이란 인간이 사용하는 어떤 규칙으로서, 항상 그렇지는 않지만, 대부분의 경우 동작하는 규칙이다. 이 휴리스틱을 이용하여 우리는 초보적인 숫자 인식 프로그램을 작성할 수 있다.

그러나 우리가 하려는 것은 이러한 방법이 아니며, 우리는 이 책에서 **기계 학습**(*machine learning*)에 집중할 것이다. 즉, 예제를 정답과 함께 제공함으로써 컴퓨터가 스스로 학습할 수 있게 하는 방법을 탐구하고자 한다. 우리는 컴퓨터 프로그램이 28 × 28 크기의 필기체 숫자 영상을 학습하게 하고 싶다. 우리는 숫자 영상들과 함께 **레이블**(*label*)이라고 하는 정답도 함께 제공한다. 기계 학습에서 이러한 학습 방법을 **지도 학습**(*supervised learning*)이라고 한다. 모든 학습 예제에 대해 정답을 제공하기 때문에 완전한 지도 학습 문제라고도 한다. 7장에서는 비지도 학습에 대해 알아볼 것이다. **비지도 학습**(*unsupervised learning*)은 정답이 주어지지 않는 학습 방법이다.

우리가 숫자 식별 문제에서 광선과 물체의 표면과 같은 세부 사항을 없애서 추상화하면 **분류 문제**(*classification problem*)가 된다. 분류 문제란 입력 집합(종종 **특징**[*feature*]이라고 함)이 주어졌을 때, 객체를 **식별**(분류)하는 문제이다. 즉 여러 객체 중에서 현재의 입력을 만드는 객체를 식별하는 문제이다. 우리의 숫자 식별 문제에서 입력은 화소들이고 출력은 10개의 숫자이다. 우리는 $[x_1, x_2 \ldots x_l]$과 같이 입력을 l 크기의 벡터로 나타낸다. 정답은 a라고 표시한다. 일반적으로 입력은 실수이며 양수나 음수가 가능하지만, 우리의 경우에는 모두 양수이다.

1.1 퍼셉트론

일단 간단한 문제로 출발해 보자. 우리는 영상이 0인지 아닌지를 식별하는 프로그램

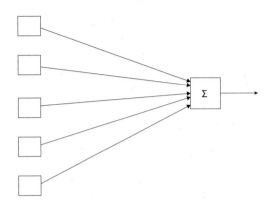

그림 1.3 퍼셉트론

을 작성하고자 한다. 이런 종류를 **이진 분류 문제**(*binary classification problem*)라고 한다. 이진 분류를 위한 초기 기계 학습 모델은 그림 1.3에서 볼 수 있는 **퍼셉트론**(*perceptron*)이다.

퍼셉트론은 생물체의 뉴런(신경세포)을 간단하게 계산학적인 모델로 만든 것이다. 그림 1.4에서 보듯이 하나의 뉴런은 전형적으로 많은 입력(dendrite)을 가지고 있으며, 세포 몸체(cell body)가 있고, 하나의 출력(axon)을 가진다. 이것을 본떠서 퍼셉트론은 여러 개의 입력을 가지고 있으며, 하나의 출력을 가지고 있다. 28 × 28 크기의 영상이 0인지 아닌지를 판단하는 간단한 퍼셉트론은 784개의 입력을 가진다. 즉 각각의 화소가 별도의 입력이 된다. 우리는 784개를 책에 다 그릴 수가 없으므로 5개의 입력만을 그렸다.

퍼셉트론은 가중치 벡터 $\mathbf{w} = [w_1 \ldots w_m]$로 이루어진다. **가중치**(*weight*)는 입력당 하나씩 붙어 있다. 그리고 **바이어스**(*bias*)라고 하는 고정된 가중치도 가진다. $\mathbf{w}$와 b를 퍼셉트론의 **매개변수**(*parameter*)라고 한다. 일반적으로 우리는 매개변수를 Φ로 표시한다. i번째 매개변수는 $\phi_i \in \Phi$이다. 퍼셉트론에서는 $\Phi = \{\mathbf{w} \cup b\}$가 된다.

이들 매개변수를 이용하여 퍼셉트론은 다음과 같은 함수를 계산한다고 생각할 수 있다.

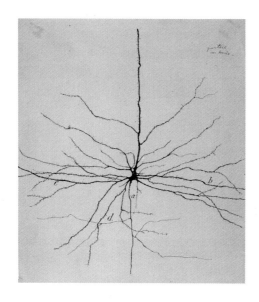

그림 1.4 전형적인 뉴런

$$f_\Phi(\mathbf{x}) = \begin{cases} 1 & \text{if } b + \sum_{i=1}^{l} x_i w_i > 0 \\ 0 & \text{otherwise} \end{cases} \tag{1.1}$$

이것을 말로 설명하자면, 각 퍼셉트론 입력에 가중치를 곱한 후에 바이어스를 더한다는 것이다. 총 합계가 0보다 크면 출력은 1이 되고, 그렇지 않으면 출력은 0이 된다. 기억해야 할 것은, 퍼셉트론은 이진 분류기라는 점이다. 따라서 1이 출력으로 나오면 x가 어떤 유형의 멤버라는 의미이고, 출력이 0이면 어떤 유형의 멤버가 아닌 것이다.

　길이 l의 벡터들의 내적(*dot product*)은 다음과 같이 정의할 수 있다.

$$\mathbf{x} \cdot \mathbf{y} = \sum_{i=1}^{l} x_i y_i \tag{1.2}$$

따라서 내적의 정의를 사용하면 퍼셉트론의 방정식은 다음과 같이 간략하게 정리할 수 있다.

$$f_\Phi(\mathbf{x}) = \begin{cases} 1 & \text{if } b + \mathbf{w} \cdot \mathbf{x} > 0 \\ 0 & \text{otherwise} \end{cases} \tag{1.3}$$

$b + \mathbf{w} \cdot \mathbf{x}$를 계산하는 요소를 선형 유닛(*linear unit*)이라고 하며, 그림 1.3에서 Σ 기호로 표시하였다. 또한 매개변수를 변경할 때, 바이어스를 가중치의 일종이라고 생각하면 편리하다. 이때 바이어스에 연결된 입력은 항상 1이라고 생각한다. 이렇게 하면 바이어스를 생각할 필요 없이 가중치 벡터만을 고려하면 된다.

우리가 퍼셉트론을 중요시하는 이유는 아주 간단하면서도 견고한 학습 알고리즘이 존재하기 때문이다. 이 알고리즘을 **퍼셉트론 알고리즘**(*perceptron algorithm*)이라고 한다. 이것은 **학습 예제**(*training example*)가 주어진 상태에서 Φ를 찾는 알고리즘이다. 우리는 예제를 식별할 때 위첨자를 이용할 것이다. 즉, k번째 예제의 입력은 $\mathbf{x}^k = [x_1^k \ldots x_l^k]$이 되고, 예제 출력은 a^k가 된다. 퍼셉트론과 같은 이진 분류기는 출력이 항상 0 아니면 1이다. 0이면 특정 유형에 속하지 않는다는 의미이고 1이면 속한다는 의미이다. 만약 예제를 m개의 유형으로 분류한다면 출력은 0에서 $m - 1$이 될 것이다.

가끔은 기계 학습을 함수 근사(*function approximation*) 문제로 생각하는 것이 유용하다. 이 관점에서 보면 단일 유닛 퍼셉트론은 매개변수를 가지는 함수를 정의한다고 볼 수 있다. 퍼셉트론이 가중치를 학습한다는 것은 함수를 가장 잘 근사하는 매개변수 값을 추려 내는 것이다. 즉 화소값들이 주어져 있을 때, 영상이 0인지 아닌지를 올바르게 분류하는 함수가 정답이 될 것이다.

모든 기계 학습 연구처럼, 우리는 최소한 2개 내지는 3개의 예제 집합이 있다고 가정한다. 첫 번째는 **훈련 집합**(*training set*)이다. 이 데이터는 모델의 매개변수를 변경하는 데 사용된다. 두 번째 데이터 집합은 **개발 집합**(*development set*)으로서, 모델을 개량하기 위한 테스트에 사용된다. 세 번째 데이터 집합은 **테스트 집합**(*test set*)이다. 일단 모델이 고정되고 좋은 결과를 생성하면 테스트 집합에 있는 예제들을 이용해서 모델을 평가하게 된다. 이것은 개발 집합에서는 잘 동작하다가 미지의 문제가 주어지면 잘 동작하지 않는 것을 방지한다. 우리가 사용하는 Mnist 데이터는 웹에서 다운로드할 수 있다. 훈련 데이터는 60,000개의 영상과 레이블로 구성되며, 개발/테스트 집합에는 10,000개의 영상과 레이블이 있다.

퍼셉트론 알고리즘의 가장 큰 장점은, 퍼셉트론이 모든 훈련 집합을 올바르게 분류할 수 있는 매개변수 값이 있다면, 이를 반드시 찾을 수 있다는 점이다. 불행히도 대부분의 실제 사례에는 그러한 매개변수 값이 있다는 보장이 없다. 최악의 경우에도 퍼셉트론은 높은 비율로 예제를 올바르게 식별하는 매개변수를 찾을 수 있다.

퍼셉트론 알고리즘은 훈련 집합을 여러 번 반복하면서 매개변수를 조정하여 올바르게 식별된 예제의 수를 늘리는 방식으로 작동한다. 우리가 학습을 반복하였는데도 매개변수가 전혀 변경되지 않았다면 우리는 올바른 매개변수를 얻은 것이므로 알고리즘을 중지할 수 있다. 그러나 그런 매개변수를 발견하지 못했으면 매개변수는 영원히 변경된다. 이를 방지하기 위해 N회 반복 후 학습을 중단한다. 여기서 N은 프로그래머가 설정한 시스템 매개변수이다. 일반적으로 N은 학습할 매개변수의 총 개수와 함께 증가한다. 이제부터는 모델 매개변수 Φ와 프로그램과 관련된 다른 숫자를 구분할 때 조심하여야 한다. 일반적으로 "매개변수"라고 부르지만, 훈련 집합을 반복하는 횟수인 N은 Φ의 일부가 아니다. 우리는 N과 같은 매개변수를 하이퍼 매개변수 (*hyperparameter*)라고 부르기로 하자. 그림 1.5는 알고리즘의 의사 코드이다. Δx는 "x의 변화량"이다.

여기서 가장 중요한 문장은 2(a) i과 2(a) ii이다. 여기서 a^k는 영상이 숫자 0인지 아닌지를 나타내는 레이블로서 1 또는 0이다. 따라서 두 개의 문장 중 첫 번째 문장은 퍼셉트론의 출력이 올바른 레이블이면 아무것도 하지 않음을 나타낸다. 두 번째는 가중치 w_i를 어떻게 바꿀지를 지정한다. 모든 매개변수 w_i에 대하여 $(a^k - f(\mathbf{x^k}))x_i$를 추가한다. 이렇게 가중치가 변경되면, 이전보다는 향상된 결과를 보일 것이다.

---

1. b와 모든 $\mathbf{w}$를 0으로 설정한다.
2. N번 반복하거나 가중치가 변경되지 않을 때까지 다음을 반복한다.
   (a) 각 학습 데이터 $\mathbf{x^k}$와 정답 a^k에 대하여
      i. 만약 $a^k - f(\mathbf{x}^k) = 0$ continue
      ii. 그렇지 않으면 모든 가중치 w_i에 대하여 $\Delta w_i = (a^k - f(\mathbf{x^k}))x_i$

그림 1.5 퍼셉트론 알고리즘

문장 2(a) ii가 왜 효과적인지를 보려면 가능한 것을 시도해 보면 된다. 학습 예제 x^k가 숫자 0이라고 가정하자. 즉, $a^k = 1$이라는 레이블을 가질 것이다. 퍼셉트론이 처음에는 잘못 분류했기 때문에 $f(\mathbf{x^k})$(k번째 예제에서의 퍼셉트론의 출력)는 0이었다. 따라서 $(a^k - f(\mathbf{x^k})) = 1$이고 모든 i에 대하여 $\Delta w_i = x_i$가 된다. 화소값 x_i은 ≥ 0이기 때문에 알고리즘은 가중치를 증가시키게 된다. 다음에 똑같은 입력이 가해지면 $f(\mathbf{x^k})$는 더 큰 값을 반환할 것이다. 이는 분명하게 분류 성능을 향상시킨다. (반대 상황에 대한 분석은 연습으로 남겨 둔다. 즉 예제 영상이 숫자 0이 아니지만 퍼셉트론은 숫자 0이라고 주장하는 경우이다.)

바이어스 b에는 값이 항상 1인 입력 x_0가 물려 있다고 가정한다. 바이어스는 가상의 입력인 x_0에 대한 기중치로 취급할 수 있다.

작은 예를 들어 보자. 여기에서는 4 화소의 가중치만을 살펴보자. 즉, 화소 [7,7] (왼쪽 상단의 중심), [7,14](상단 중앙), [14,7], [4,14]에 대한 가중치이다. 일반적으로 화소값을 0과 1 사이의 실수라고 가정하자. 첫 번째 영상이 0이라고 하자(즉, $a = 1$). 4개의 위치에 있는 화소값은 각각 0.8, 0.9, 0.6, 0.0이라고 하자. 처음에는 모든 매개변수가 0이기 때문에, 첫 번째 영상이 주어지면 $\mathbf{w} \cdot \mathbf{x} + b = 0$이 되고 $f(\mathbf{x}) = 0$이므로 영상이 잘못 분류된다. 알고리즘에 따라서 $a - f(\mathbf{x}) = 1$이므로, $w_{7,7}$은 $(0 + 1 * 0.8) = 0.8$이 된다. 동일한 방식으로, 다음 두 개의 가중치는 0.9와 0.6이 된다. 마지막 가중치는 0이 된다(화소값이 0이기 때문이다). 바이어스는 1.0이 된다. 우리가 이 영상을 퍼셉트론에 두 번째로 공급하면 새로운 가중치 때문에 올바르게 분류될 것이다.

다음 영상은 숫자 0이 아니라고 가정하자(즉, $a = 0$). 이번에는 2개의 화소가 1.0이고 다른 2개의 화소는 0.0이다. 먼저 $b + \mathbf{w} \cdot \mathbf{x} = 1 + 0.8 * 0 + 0.9 * 1 + 0.6 * 0 + 0 * 1 = 1.9$이므로 $f(x) > 0$이 되고 퍼셉트론은 예제를 숫자 0으로 잘못 분류한다. 따라서 $a - f(x) = 0 - 1 = -1$이 된다. 우리는 알고리즘의 2(a) ii행의 문장에 따라 각 가중치를 조정한다. $w_{0,0}$ 및 $w_{14,7}$은 화소값이 0이기 때문에 변경되지 않고 $w_{7,14}$는 이제 $0.9 - 0.9 * 1 = 0$이 된다(즉, 이전 가중치 − 이전 가중치 * 현재 화소값). b와 $w_{14,14}$의 계산은 독자에게 남겨 두겠다.

우리는 여러 번 훈련 데이터를 투입한다. 훈련 데이터를 투입하는 하나의 패스를 에포크(*epoch*)라고 한다. 훈련 데이터가 다른 순서로 프로그램에 제시되면 학습되는 가중치는 다를 수 있다. 가장 좋은 방법은 훈련 데이터가 제시되는 순서를 무작위로 추출하는 것이다. 이에 대해서는 1.6절에서 살펴볼 것이다.

우리가 인식하고 싶어 하는 유형별로 퍼셉트론을 하나씩 생성함으로써 퍼셉트론을 확장할 수 있다. 10개의 숫자를 인식하는 문제의 경우, 각 숫자에 대해 퍼셉트론을 하나씩 둘 수 있다. 그리고 가장 출력이 높은 퍼셉트론의 유형이 반환된다. 그림 1.6은 이것을 나타낸 것으로, 여기서 우리는 입력을 3개의 유형 중 하나로 분류하는 다중 퍼셉트론을 볼 수 있다.

그림 1.6을 보면 상당히 복잡하게 얽혀 있는 것 같지만 실상은 3개의 독립적인 퍼셉트론이 동일한 입력을 공유하는 것을 알 수 있다. 확장 퍼셉트론이 반환하는 값은 가장 높은 값을 가지는 유닛의 출력이다. 모든 퍼셉트론은 다른 것과 독립적으로 학습된다. 따라서 우리는 이전의 학습 알고리즘을 그대로 사용할 수 있다. 훈련 영상과 레이블을 받아서 퍼셉트론 알고리즘 단계 (a)를 10개의 퍼셉트론에 대하여 10번 실행한다. 만약 레이블이 5라고 하고, 가장 높은 값을 가지는 퍼셉트론이 6번이라면, 0번부터 4번까지의 퍼셉트론은 매개변수가 변경되지 않는다(왜냐면 이들은 올바르게 동작되고 있기 때문이다). 마찬가지로 6번부터 9번까지의 퍼셉트론도 변경되지 않는

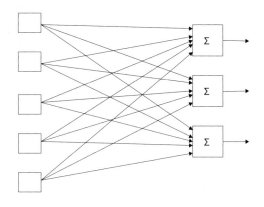

그림 1.6 여러 개의 유형으로 분류하는 다중 퍼셉트론

다. 반면, 5번과 6번 퍼셉트론은 자신들의 매개변수(즉, 가중치)를 변경하여야 한다. 잘못된 결론을 내렸기 때문이다.

1.2 인공 신경망을 위한 교차 엔트로피 손실 함수

초창기에는 그림 1.6과 같이 주로 선형 유닛을 사용한 단일 뉴런 신경망을 주로 다루었다. 요즘에는 뉴런을 아주 많이 사용한다. 따라서 최근의 인공 신경망은 **계층**(레이어[*layer*])을 사용한다. 계층은 입력을 병렬로 처리한 다음 다른 계층으로 값을 전달하는 뉴런들의 그룹이다. 그림 1.7은 이 관점을 강조하는 인공 신경망이다. 여기서는 계산 계층에 데이터를 주입하는 입력 계층을 보여 주고 있다.

신경망 안에 여러 개의 계층이 있을 수 있다. 각 계층은 다음 계층에 데이터를 공급한다. 계층이 중첩되어 있기 때문에 "딥러닝"에서 "딥(deep)"이라는 단어가 붙은 것이다.

그러나 다중 계층은 퍼셉트론과 잘 작동하지 않으므로 가중치를 변경하는 다른 방법이 필요하다. 이 절에서는 간단하게 순방향 신경망(*feed-forward neural net-work*)을 구성하고 비교적 단순한 학습 기법인 **경사 하강법**(*gradient descent*)을 사용하는 방법을 살펴본다. 일부 연구자들은 이것을 **다층 퍼셉트론**(*multi-level per-*

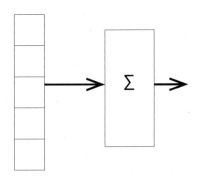

그림 1.7 계층이 있는 신경망

ceptron)이라고 부르기도 한다.

경사 하강법에 대하여 이야기하려면 먼저 손실 함수(*loss function*)를 정의해야 한다. 손실 함수란 신경망의 출력이 얼마나 나쁜지를 우리에게 알려 주는 함수이다. 모델의 매개변수를 학습시킬 때 우리의 목표는 손실 함수를 최소화하는 것이다. 퍼셉트론을 위한 손실 함수는 만약 올바르게 학습 예제를 분류하였다면 0이었고 잘못 분류하였으면 1이었다. 이것을 **제로-원 손실**(*zero-one loss*)이라고 한다. 제로-원 손실은 명백한 이점이 있지만, 단점도 있다. 특히 이것은 경사 하강법과 같이 사용할 수 없다. 경사 하강의 기본 아이디어는 다음과 같은 수식이다.

$$\Delta\phi_i = -\mathcal{L}\frac{\partial L}{\partial \phi_i} \tag{1.4}$$

여기서 $\mathcal{L}$은 **학습률**(*learning rate*)로서 한 번에 얼마나 매개변수를 변경하는가를 나타낸다. 중요한 부분은 손실 L을 우리가 조정하고 있는 매개변수로 편미분하는 부분이다. 우리는 손실을 줄이는 방향으로 매개변수를 변경해야 한다. 이것이 수식의 앞에 음수 기호가 있는 이유이다. 퍼셉트론에서는 출력이 Φ에 의하여 결정된다. 따라서 이러한 모델에서 손실 함수는 $L(\Phi)$로 쓸 수 있다.

이것을 좀 더 쉽게 설명하기 위하여 시각화하여 보자. 퍼셉트론이 2개의 매개변수만을 가지고 있다고 하자. 우리는 2개의 축 ϕ_1과 ϕ_2를 가지는 유클리디안 평면을 생각할 수 있다. 평면의 각 점에 대하여 손실 함수가 대응된다. 예를 들어서 매개변수의 현재 값이 1.0과 2.2라고 하자. 평면 상의 (1.0, 2.2) 위치를 살펴보자. L이 그 위치에서 어떻게 변화될까? 그림 1.8에서 $\phi_2 = 2.2$인 평면으로 자르면 가상적인 손실 함수를 ϕ_1만의 함수로 볼 수 있다. $\phi_1 = 1.0$일 때 손실 함수의 값을 보자. 우리는 접선의 기울기가 $-\frac{1}{4}$인 것을 알 수 있다. 만약 학습률이 $\mathcal{L} = 0.5$라면 식 (1.4)는 $(-0.5) * (-\frac{1}{4}) = 0.125$가 된다. 즉, 오른쪽으로 0.125만큼 이동하게 된다. 이것은 실제로 손실 함수를 감소시킨다.

식 (1.4)로부터 손실 함수는 매개변수로 미분 가능해야 한다. 하지만 제로-원 손실 함수는 미분이 불가능하다. 만약 하나의 학습 예제에 대하여 퍼셉트론의 출력을 계

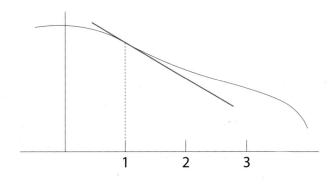

그림 1.8 ϕ_1의 함수로서의 손실 함수

산하였는데, 잘못된 결과가 나왔다고 하자. 우리가 ϕ를 충분히 증가시키거나 감소시키면 결국은 $f(x)$가 변경될 것이고 우리는 올바른 결과를 얻을 수 있다. 퍼셉트론의 손실 함수는 스텝 함수(step function)이다. 하지만 스텝 함수는 미분이 불가능하기 때문에 경사 하강법을 사용할 수 없다. 하지만 다른 손실 함수도 있다. 가장 인기 있고 표준 손실 함수에 가까운 것은 **교차 엔트로피 손실 함수**(*cross-entropy loss function*)이다. 이 절에서 우리는 이것이 무엇이고 어떻게 신경망이 이것을 계산할 것인지를 설명할 것이다. 이번 절부터 매개변수 학습을 위하여 이 함수를 이용한다.

현재 우리의 신경망은 벡터를 출력한다. 벡터를 이루는 값은 선형 유닛들에서 나온 것이다. 우리는 가장 큰 출력값을 가지는 출력 유닛을 선택한다. 이제 각 유닛 출력값이 어떤 유형에 대한 확률 분포가 되도록 신경망을 변경시킬 것이다. 필기체 숫자 인식 문제에서는 $c \in [0, 1, 2, \ldots, 9]$일 때 랜덤 변수 C가 c가 되는 확률이다. **확률 분포**(*probability distribution*)는 음수가 아닌 수들의 집합으로 전체 합은 항상 1.0이 된다. 일반적인 신경망의 출력은 양수 또는 음수가 될 수 있다. 다행히도 이들 숫자를 확률 분포로 만들어 주는 함수가 있다. 이것을 소프트맥스(softmax)라고 부른다.

$$\sigma(\mathbf{x})_j = \frac{e^{x_j}}{\sum_i e^{x_i}} \tag{1.5}$$

소프트맥스는 x값이 음수이더라도 e^x는 양수이다. 또 전체 값을 합하면 1.0이 되기 때문에 확률분포 값으로 사용할 수 있는 함수이다. 예를 들어서 $\sigma([-1, 0, 1]) \approx [0.09, 0.244, 0.665]$이다. 모든 노드의 출력이 0인 특수한 경우에는 $e^0 = 1$이므로 만약 n개의 출력 노드가 있다면 $\frac{1}{n}$이 될 것이다.

"소프트맥스"라는 이름은 이것이 max 함수의 소프트한 버전이기 때문이다. max 함수의 출력은 전적으로 최대 입력값에 의하여 결정된다. 소프트맥스의 출력은 대부분 최댓값에 의하여 결정되지만, 전적으로 그런 것은 아니다. 많은 기계 학습 함수가 softX라는 이름의 함수를 가지고 있다. 이것은 출력 X를 부드럽게 만든 것이라고 이해하면 된다.

그림 1.9는 소프트맥스 계층이 추가된 신경망을 보여 준다. 전과 같이 왼쪽에서 들어가는 숫자들은 영상의 화소값이다. 하지만 오른쪽에서 나오는 값들은 어떤 유형의 확률이다. 또 선형 유닛을 떠나서 소프트맥스 함수로 들어가는 숫자들에 대하여 이름을 붙이는 것이 유용하다. 이들은 **로짓**(*logit*)이라고 불린다. 이것은 "정규화되지 않은 숫자"라는 의미로 우리가 소프트맥스 함수를 이용하여서 확률로 변경할 값이다. 우리의 수식에서는 l을 사용하여 나타낸다. 우리의 수식은 다음과 같다.

$$p(l_i) \quad = \quad \frac{e^{l_i}}{\sum_j e^{l_j}} \tag{1.6}$$

$$\propto \quad e^{l_i} \tag{1.7}$$

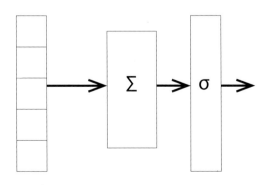

그림 1.9 소프트맥스 계층을 가지는 간단한 신경망

수식의 두 번째 줄은 소프트맥스 함수의 분모는 전체 숫자들의 합을 1로 만들어 주는 정규화 상수라는 것을 나타낸다. 확률은 소프트맥스의 분자의 값에 비례한다.

이제 교차 엔트로피 손실 함수 X를 정의할 때가 되었다.

$$X(\Phi, x) = -\ln p_\Phi(a_x) \tag{1.8}$$

입력 x에 대한 교차 엔트로피 손실 함수는 x의 레이블에 할당된 확률에 로그 함수를 취하고 음수로 만든 것이다. 다른 말로 하자면, 모든 출력의 확률을 소프트맥스로 계산한 후에 하나의 올바른 출력을 위하여 다른 출력들을 배제하는 것이다. 손실 함수는 그 값에 음의 로그 함수를 적용한 값이다.

왜 이것이 합리적인지를 생각해 보자. 먼저 이렇게 하면 가중치가 올바른 방향으로 변경된다. 만약 신경망의 성능이 나빠지면 손실 함수의 값은 증가해야 한다. 반대로 성능이 좋아진다면 당연히 올바른 답변을 하는 쪽에 높은 확률이 할당되어야 한다. 따라서 우리는 확률이 커지면 숫자가 작아지도록 마이너스 기호를 앞에 붙인다. 다음으로, 숫자에 로그를 취하는 것은 숫자의 증감에 비례하기 위해서이다. 실제로 $X(\Phi, x)$는 좋은 매개변수보다는 나쁜 매개변수에 대해 커지게 된다.

하지만 왜 로그를 취하는가? 우리는 로그를 사용해서 숫자 사이의 간격을 줄이는 것에 익숙하다. $\log(10,000)$과 $\log(1000)$의 차이는 1이다. 어떤 사람은 이것이 손실 함수에 대하여 좋지 않다고 생각할 수 있다. 이것은 나쁜 상황을 덜 나쁘게 만들기 때문이다. 하지만 이러한 로그의 특성은 잘못 알려진 것이다. x가 커질 때 $\ln(x)$가 동일한 비율로 증가되지는 않는다. 하지만 그림 1.10의 $-\ln(x)$의 그래프를 고려해 보자. x가 0에 가까이 가면, x의 차이보다 $\ln(x)$에서의 차이는 훨씬 커진다. 우리는 확률을 다루고 있으므로 이것이 바로 우리가 중요시하는 영역이 된다.

이 함수를 교차 엔트로피 손실(*cross-entropy loss*)이라고 부르는 이유는, 정보 이론에서 확률 분포가 어떤 실제 분포를 근사하려고 할 때, 교차 엔트로피(*cross-entropy*)는 이들 2개 확률 분포가 얼마나 다른가를 나타내기 때문이다. 교차 엔트로피 손실은 교차 엔트로피의 음의 값이다. 지금은 여기까지만 설명하기로 하자.

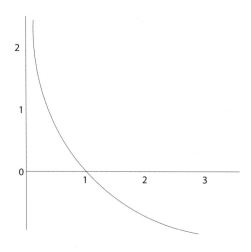

그림 1.10 $-\ln(x)$의 그래프

1.3 미분과 확률적인 경사 하강법

이제 우리는 다음과 같은 손실 함수를 가지고 있다.

$$X(\Phi, x) = -\ln p(a) \tag{1.9}$$

$$p(a) = \sigma_a(\mathbf{l}) = \frac{e^{l_a}}{\sum_i e^{l_i}} \tag{1.10}$$

$$l_j = b_j + \mathbf{x} \cdot \mathbf{w_j} \tag{1.11}$$

먼저 식 (1.11)로부터 로짓 $\mathbf{l}$을 계산해 보자. 이 값들은 소프트맥스 계층에 의하여 확률을 계산하는 데 사용된다(식 1.10). 이어서 음의 로그 함수를 확률에 적용하여 손실 함수를 계산한다(식 1.9). 선형 유닛의 가중치는 $\mathbf{w}$라고 표기한다. 우리는 많은 선형 유닛을 가지고 있으므로 $\mathbf{w_j}$는 j번째 유닛의 가중치이다. 또 b_j는 j번째 유닛의 바이어스값이다.

입력으로부터 손실 함수를 계산하는 이러한 과정을 학습 알고리즘의 **순방향 패스**(*forward pass*)라고 한다. 여기서는 역방향 패스에서 필요한 값들을 계산한다. 역방향 패스에서 가중치들이 변경된다. 많은 방법들이 있다. 여기서는 **확률적 경사 하강법**

(*stochastic gradient descent*)을 사용한다. 여기서 **경사 하강법**(*gradient descent*) 이라고 말하는 이유는, 손실 함수의 그래디언트(기울기, 경사)를 보고 해당 그래디언트를 따라 시스템의 손실함수 값을 낮추기 때문이다. 이러한 학습 방법을 일반적으로 **역전파**(*back propagation*) 학습이라고 한다.

가장 단순한 경우의 그래디언트 추정을 살펴보자. 즉, 바이어스 b_j에 대해 살펴보자. 식 (1.9)~(1.11)에서 b_j가 로짓 l_j의 값을 변경함으로써 확률이 변경되고 이어서 손실 함수를 변화시키는 것을 볼 수 있다. 이것을 단계별로 계산해 보자. (이 경우 하나의 훈련 예제에 의해서 야기된 오차만을 고려하고 있으므로 $X(\Phi, x)$를 $X(\Phi)$로 기재한다.) 우리는 체인 룰을 사용하여 다음과 같이 쓸 수 있다.

$$\frac{\partial X(\Phi)}{\partial b_j} = \frac{\partial l_j}{\partial b_j} \frac{\partial X(\Phi)}{\partial l_j} \tag{1.12}$$

여기서는 미분의 연쇄 규칙(체인 룰)을 사용하여 b_j의 변화가 X의 변화를 일으키는 정도를 계산하는 것이다. 식 (1.12)의 오른쪽에 있는 첫 번째 부분을 보자.

$$\frac{\partial l_j}{\partial b_j} = \frac{\partial}{\partial b_j}\left(b_j + \sum_i x_i w_{i,j}\right) = 1 \tag{1.13}$$

여기서 $w_{i,j}$는 j번째 선형 단위의 i번째 가중치이다. $b_j + \sum_i x_i w_{i,j}$에서 바뀌는 유일한 것은 b_j 자체이므로 미분은 1이다.

다음으로 X가 l_j에 의하여 어떻게 변화되는지를 생각해 보자.

$$\frac{\partial X(\Phi)}{\partial l_j} = \frac{\partial p_a}{\partial l_j} \frac{\partial X(\phi)}{\partial p_a} \tag{1.14}$$

여기서 p_i는 i번째 유형에 할당된 확률이다. 즉, X는 오직 올바른 답변의 확률에만 의존하므로 l_j는 이 확률을 통해서만 X에 영향을 끼친다. 이것은 기본적인 수학에서 도출할 수 있다. 따라서 다음과 같이 쓸 수 있다.

$$\frac{\partial X(\phi)}{\partial p_a} = \frac{\partial}{\partial p_a}(-\ln p_a) = -\frac{1}{p_a} \tag{1.15}$$

첫 번째 항은 다음과 같이 계산할 수 있다.

$$\frac{\partial p_a}{\partial l_j} = \frac{\partial \sigma_a(\mathbf{l})}{\partial l_j} = \begin{cases} (1 - p_j)p_a & a = j \\ -p_j p_a & a \neq j \end{cases} \tag{1.16}$$

식 (1.16)의 첫 번째 등식은 로짓에서 소프트맥스를 계산하여 확률을 얻는 사실에서 비롯된다. 두 번째 등식의 유도는 위키 백과에서 찾을 수 있다. 이것을 유도하려면 상당히 정교하게 항들을 조작해야 하며, 여기서는 이것을 수행하지 않는다. 그러나 이것은 합리적이다. 우리는 로짓의 변화가 소프트맥스에서 나오는 확률에 어떻게 영향을 미치는지 묻고 있다. 아래와 같은 등식을 기억해야 한다.

$$\sigma_a(\mathbf{l}) = \frac{e^{l_a}}{\sum_i e^{l_i}}$$

두 가지의 경우가 있다. 만약 우리가 변경하고 있는 로짓 j가 a와 같지 않다고 하자. 즉, 입력은 숫자 6 영상인데 숫자 8을 나타내는 유닛의 바이어스는 어떻게 변경하느냐이다. 이 경우에는 l_j가 오직 분모에만 나타난다. 따라서 l_j가 커지면 p_a는 작아지기 때문에 미분값은 음수가 된다. 이것이 식 (1.16)의 두 번째 경우이고, 이 경우에는 확실하게 0보다 작은 값을 생성한다. 왜냐하면, 2개의 확률을 곱한 값이 음수가 될 수 없기 때문이다.

반면에 만약 $j = a$라면 l_j는 분모와 분자에 모두 나타난다. 분모에 있는 l_j는 출력을 낮출 것이다. 하지만 이 경우에는 분자의 증가로 상쇄된다. 따라서 이 경우에 우리는 양의 미분값을 얻을 수 있고, 이것이 식 (1.16)에 나와 있다.

이러한 결과를 가지고, 바이어스 b_j를 변경하는 식을 유도할 수 있다. 식 (1.15)와 (1.16)을 식 (1.14)에 넣으면 다음과 같은 식을 얻을 수 있다.

$$\frac{\partial X(\Phi)}{\partial l_j} = -\frac{1}{p_a} \begin{cases} (1 - p_j)p_a & a = j \\ -p_j p_a & a \neq j \end{cases} \tag{1.17}$$

$$= \begin{cases} -(1 - p_j) & a = j \\ p_j & a \neq j \end{cases} \tag{1.18}$$

나머지는 비교적 간단하다. 식 (1.12)에서 다음을 유도한 바 있다.

$$\frac{\partial X(\Phi)}{\partial b_j} = \frac{\partial l_j}{\partial b_j} \frac{\partial X(\Phi)}{\partial l_j}$$

첫 번째 미분값은 1이었다. 따라서 손실 함수를 b_j로 미분한 값은 식 (1.14)와 같다. 마지막으로 가중치를 변경하는 규칙을 사용하여 다음과 같은 규칙을 얻을 수 있다.

$$\Delta b_j = \mathcal{L} \begin{cases} (1 - p_j) & a = j \\ -p_j & a \neq j \end{cases} \tag{1.19}$$

가중치를 변경하는 수식은 식 (1.19)를 약간 변경하여야 한다. 식 (1.12)에 해당하는 수식은 다음과 같다.

$$\frac{\partial X(\Phi)}{\partial w_{i,j}} = \frac{\partial l_j}{\partial w_{i,j}} \frac{\partial X(\Phi)}{\partial l_j} \tag{1.20}$$

오른쪽의 미분은 식 (1.12)와 같다. 즉, 가중치 변경 단계에서도 이 결과를 사용하기 때문에 바이어스 변경 시에 이 결과를 어딘가에 저장하여야 한다.

$$\frac{\partial X(\Phi)}{\partial w_{i,j}} = \frac{\partial}{\partial w_{i,j}} (b_j + (w_{1,j}x_1 + \ldots + w_{i,j}x_i + \ldots)) = x_i \tag{1.21}$$

만약 우리가 바이어스를 항상 입력이 1인 특징에 붙어 있는 가중치로 취급했으면 처음부터 바로 이 식을 유도했을 것이다.

이들 결과를 이용하여 가중치를 갱신하는 식을 만들 수 있다.

$$\Delta w_{i,j} = -\mathcal{L}x_i \frac{\partial X(\Phi)}{\partial l_j} \tag{1.22}$$

이제, 우리의 모델에 하나의 훈련 예제가 주어졌을 때 매개변수를 어떻게 조정해야 하는지를 도출하였다. 경사 하강 알고리즘은 각각의 훈련 예제를 처리하면서 어떻게 매개변수 값을 변경하는지를 알려 주지만 우리는 모든 예제를 처리하기 전까지는 이것을 미루게 된다. 모든 예제가 처리되면 우리는 각 예제로부터 도출된 변화량의 총합을 이용하여 가중치를 변경한다.

문제는 이 알고리즘이 매우 느릴 수 있다는 것이다. 특히 훈련 세트가 큰 경우에는 무척 심각하다. 우리는 일반적으로 매개변수를 자주 조정해야 한다. 왜냐하면 특정 예제에 따라 가중치가 증가하거나 감소하면서 상호작용할 것이기 때문이다. 따라서 실제로는 기본적인 경사 하강법보다는 **확률적 경사 하강법**(*stochastic gradient descent*)을 많이 사용한다. 이 방법에서는 매 m개의 예제를 처리한 후에 매개변수를 변경한다. m은 모든 예제의 개수보다 훨씬 적다. 일반적으로 m은 20일 수 있다. 이를 **배치 크기**(*batch size*)라고 한다.

일반적으로 배치 크기가 작을수록 학습률 $\mathcal{L}$은 작아져야 한다. 왜냐하면 어떤 예제는 다른 예제를 희생시키면서 가중치를 변경하려고 하기 때문이다. 만약 학습률이 낮다면 매개변수가 적게 변경되기 때문에 아무래도 영향을 덜 끼칠 것이다. 반대로 큰 배치 크기라면 우리는 m개의 예제의 평균값을 취하는 것이기 때문에 아무래도 특정 예제의 영향은 작아지게 된다.

1.4 프로그램 작성

이제 첫 번째 NN 프로그램을 큰 그림에서 작성해 보자. 의사 코드는 그림 1.11이다. 첫 번째로 해야 할 일은 매개변수의 초기화이다. 퍼셉트론 알고리즘에서 했던 것처럼 모델의 매개변수를 0으로 초기화하는 것도 가능하다. 하지만 항상 0으로 초기화하는 것이 좋은 것은 아니다. 따라서 일반적으로 많이 사용되는 방법은 가중치를 0에 가까운 난수로 초기화하는 것이다. 파이썬 난수 생성기의 시드를 동일한 값으로 사용해야 할 수도 있다. 이렇게 하면 디버깅하는 경우에 동일한 초깃값으로 설정되므로 정확하게 동일한 출력을 얻을 수 있다. 만약 난수 생성기의 시드를 초기화하지 않으면 파이썬은 임의의 숫자를 사용한다.

학습할 때는 훈련 집합을 사용하여 매개변수를 수정한 다음, 학습된 모델이 개발 집합을 얼마나 잘 처리하는지를 확인한다. 개발 집합에 대해서는 역방향 학습 과정을 실행하지 않는다. 만약 우리가 우리의 프로그램을 현실 세계에서 사용하려면(예, 우

1. j를 0부터 9까지 변경하면서 b_j를 랜덤하게 초기화한다(0에 가까운 수로).

2. j를 0부터 9까지, i를 0에서 783까지 변경하면서 $w_{i,j}$를 유사하게 초기화한다.

3. 개발 집합의 정확도 증가가 멈출 때까지 다음을 반복한다.

   (a) 각 훈련 예제 k에 대하여(배치 크기 m이라고 가정)

   i. 식 (1.9), (1.10), (1.11)을 사용하여 순방향 패스를 수행한다.

   ii. 식 (1.22), (1.19), (1.14)를 사용하여 역방향 패스를 수행한다.

   iii. m개의 예제마다 누적된 값으로 모든 Φ를 갱신한다.

   (b) 개발 집합의 모든 예제에 대하여 순방향 패스를 수행하여 모델의 정확도를 계산한다.

4. 개발 집합의 정확도가 감소하기 직전의 Φ를 출력한다.

그림 1.11 간단한 순방향 숫자 인식을 위한 의사 코드

편번호를 읽는 작업) 주어지는 예제들은 우리가 학습하지 않은 것들일 것이다. 우리는 이것을 개발 집합으로 대신하고자 한다.

약간의 경험을 사용하는 것이 좋겠다. 첫째, 화소값이 −1에서 1로 너무 멀어지지 않도록 하는 것이 일반적인 관행이다. 우리의 경우에는 원래의 화소값이 0에서 255까지였기 때문에, 단순히 이들 데이터를 사용하기 전에 255로 나누어 준다. 이것은 데이터 정규화(*data normalization*)라는 과정이다. 어떤 정해진 규칙은 없지만 종종 −1.0에서 1.0 또는 0.0에서 1.0으로 입력을 변경하는 것이 합리적이다. 왜 이것이 필요한지를 볼 수 있는 곳이 식 (1.22)에 있다. 바이어스 항을 조정하기 위한 방정식과 가중치를 변경하는 수식은 차이가 있다. 가중치를 조정하는 식에는 입력의 값 x_i가 곱해진다. 만약 바이어스를 가중치의 일부로 간주한다면 바이어스에는 항상 1.0이라는 입력이 가해진다. 하지만 우리가 입력을 정규화하지 않고 화소값 255를 그대로 사용한다면, 가중치를 변경하는 식에는 255가 곱해지고, 바이어스를 변경하는 식에는 1.0이 곱해져서 상당한 차이가 발생한다. 이것은 이상한 결과를 초래할 수 있다.

다음으로 학습률 $\mathcal{L}$을 결정하는 문제가 있다. 이것도 상당히 어렵다. 우리의 구현

에서는 0.0001을 사용했다. 주목할 첫 번째 사항은, 너무 크게 설정하는 것이 너무 작은 것보다 훨씬 나쁘다는 것이다. 학습률이 너무 크면 소프트맥스 함수에서 오버플로 오류가 발생한다. 식 (1.5)를 다시 보면, 분자와 분모에 모두 지수 항이 있음을 알 수 있다. $e(\approx 2.7)$를 큰 값으로 제곱하는 것은 오버플로를 초래한다. 로짓이 커도 이러한 일이 발생하지만, 학습률이 커도 동일한 현상이 발생한다. 오류 메시지가 나오지 않더라도 너무 높은 학습률로 인해 학습 곡선의 무익한 영역에서 한동안 머물 수 있다.

이러한 이유 때문에 보통은 계산이 진행될 때 개별 예제에 대한 손실 함수를 관찰하여야 한다. 첫 번째 훈련 영상에서 기대할 수 있는 것을 생각해 보자. 숫자들은 신경망을 통하여 로짓 계층으로 투입된다. 모든 가중치와 바이어스는 0에 가까운 난수 값들이다(0.1 정도의). 이것은 모든 로짓값들이 거의 0이라는 것을 의미한다. 따라서 모든 확률들은 $\frac{1}{10}$에 가깝게 된다. 손실 함수는 확률의 자연 로그에 음수를 붙인 것이다. 따라서 $-\ln(\frac{1}{10}) \approx 2.3$ 정도이다. 우리는 더 많은 예제를 훈련시키면 손실 함수는 감소할 것을 기대한다. 그러나 자연스럽게, 일부 영상은 다른 영상보다 표준에서 더 멀리 떨어져 있으므로 신경망에 의해 덜 확실하게 분류된다. 그러면 우리는 개별 영상의 손실이 더 커지거나 작아지는 것을 볼 수 있고 추세를 식별하기 어려울 수 있다. 따라서 한 번에 하나의 손실을 출력하는 것보다는 개별 손실들을 모아서 100회 배치마다 한 번씩 출력하는 것이 나을 수 있다. 이 평균값은 쉽게 줄어들 것이지만 여기에서도 문제점이 나타날 수 있다.

다시 학습률을 생각해 보자. 학습률이 너무 높아도 문제이지만 학습률이 너무 낮으면 학습 속도가 느려질 수 있다. 이렇게 되면 프로그램이 좋은 매개변수를 찾기가 어려워진다. 그래서 작은 값으로 시작하고 점차 큰 값을 실험하는 것이 일반적으로 최선이다.

너무 많은 매개변수가 모두 동시에 변경되기 때문에 학습 알고리즘은 디버깅하기가 어려울 수 있다. 모든 디버깅과 마찬가지로 한 가지 방법은 버그가 확실하게 나타나기 전에는 가급적 적게 변경하는 것이다. 첫 번째로, 가중치를 수정하고 나서 똑같은 예제를 실행한다면 손실은 작게 나타나야 한다. 만약 그렇지 않다면 버그가 있거나 학습 속도를 너무 높게 설정한 것이다. 둘째, 손실 감소를 보기 위해 모든 가중치를 변경할 필요는 없다. 그 중 하나만 변경하거나 하나의 그룹만 변경할 수도 있다. 예를 들어, 알고리즘을 처음 실행할 때는 바이어스만을 변경한다. (그러나 생각해 보면, 단일 계층 신경망에서의 바이어스는 "편향"이라는 의미 그대로 각 유형들이 서로 다른 확률로 나타나는 것을 반영한다. 이것은 Mnist 데이터에서는 발생하지 않는다. 그래서 우리는 Mnist 데이터에서 바이어스를 학습함으로써 많은 개선을 얻지 못한다.)

프로그램이 올바르게 작동한다면, 프로그램의 정확성을 확인해야 한다. 개발 집합에 대하여 약 91% 또는 92%의 정확도가 필요하다. 하지만 이것은 좋은 정확도는 아니다. 이후 장들에서는 약 99%를 달성하는 방법을 살펴본다. 이것은 단지 시작에 불과하다.

아주 간단한 신경망을 만들어 보는 것의 장점은, 개별 매개변수의 값을 직접 해석하고 매개변수가 합리적인가를 분석할 수 있다는 점이다. 우리는 그림 1.1의 논의에서 화소 (8, 8)이 어둡다는 것을 알고 있다. 이 화소의 값은 254였다. 우리는 이것이 숫자 7의 영상의 특징이라는 것을 분석하였다. 반면에 숫자 1은 대조적으로 왼쪽 상단에 이 정도의 값을 가지지 않는다. 이 관찰을 가지고 우리의 가중치 행렬 $w_{i,j}$의 값을 살펴보자. 여기에서 i는 화소 번호이고 j는 정답이다. 화소 번호가 0에서 784라고 하면 위치 (8, 8)은 화소 번호 $8 * 28 + 8 = 232$가 될 것이고, 그것을 숫자 7을 나타내는 출력 뉴런으로 연결하는 가중치는 $w_{232,7}$이다. 이 화소 번호를 숫자 1에 연결하는 가중치는 $w_{232,1}$이 된다. 우리는 $w_{232,7}$이 $w_{232,1}$보다 큰지를 확인해 보자. 우리는 난수 초깃값으로 프로그램을 여러 번 실행하였다. 각 경우에 $w_{232,7}$은 양수였고(예, 0.25), $w_{232,1}$은 음수였다(예, -0.17).

1.5 신경망의 행렬 표현

선형 대수학을 사용하면 인공 신경망에서 일어나는 일을 행렬을 이용하여 나타낼 수 있다. 행렬($matrix$)은 요소들의 2차원 배열이다. 우리의 경우에 요소는 실수이다. 행렬의 크기는 행과 열의 수이다. $l \times m$ 행렬은 다음과 같다.

$$\mathbf{X} = \begin{pmatrix} x_{1,1} & x_{1,2} & \dots & x_{1,m} \\ x_{2,1} & x_{2,2} & \dots & x_{2,m} \\ & & \dots & \\ x_{l,1} & x_{l,2} & \dots & x_{l,m} \end{pmatrix} \qquad (1.23)$$

행렬의 기본적인 연산은 덧셈과 곱셈이다. 2개의 행렬(물론 같은 크기여야 한다)을 더하면 각 요소별로 더해진다. 즉, 우리가 $\mathbf{X} = \mathbf{Y} + \mathbf{Z}$라고 하면 이것은 $x_{i,j} = y_{i,j} + z_{i,j}$을 의미한다.

2개의 행렬을 곱하는 것은 $\mathbf{X} = \mathbf{YZ}$로 정의되며 이때 $\mathbf{Y}$는 $l \times m$ 크기이고 $\mathbf{Z}$는 $m \times n$ 크기여야 한다. 결과는 다음과 같다.

$$x_{i,j} = \sum_{k=1}^{k=m} y_{i,k} z_{k,j} \qquad (1.24)$$

간단하게 행렬의 덧셈과 곱셈을 복습해 보자.

$$\begin{aligned} \begin{pmatrix} 1 & 2 \end{pmatrix} \begin{pmatrix} 1 & 2 & 3 \\ 4 & 5 & 6 \end{pmatrix} + \begin{pmatrix} 7 & 8 & 9 \end{pmatrix} &= \begin{pmatrix} 9 & 12 & 15 \end{pmatrix} + \begin{pmatrix} 7 & 8 & 9 \end{pmatrix} \\ &= \begin{pmatrix} 16 & 20 & 24 \end{pmatrix} \end{aligned}$$

우리는 선형 유닛의 연산을 정의하기 위하여 행렬의 곱셈과 덧셈의 결합을 사용할 수 있다. 입력 특징은 $1 * l$ 크기의 행렬 $\mathbf{X}$로 나타낸다. 우리의 숫자 인식 문제에서는 $l = 784$이다. 유닛의 가중치는 $\mathbf{W}$로 나타낸다. 여기서 $w_{i,j}$는 유닛 j의 i번째 가중치를 나타낸다. 따라서 $\mathbf{W}$의 크기는 화소의 수 × 숫자의 개수가 되어서 784×10이다. $\mathbf{B}$는 크기가 10인 벡터로 바이어스를 나타낸다.

$$\mathbf{L} = \mathbf{XW} + \mathbf{B} \qquad (1.25)$$

여기서 $\mathbf{L}$은 로짓으로 이루어진 크기가 10인 벡터이다. 이러한 수식을 처음 볼 때 차원이 맞는지를 따져 보는 것은 좋은 습관이다.

Mnist 모델의 손실 함수(L)는 다음과 같이 표현할 수 있다.

$$\Pr(A(x)) = \sigma(\mathbf{xW} + \mathbf{b}) \qquad (1.26)$$

$$L(x) = -\log(\Pr(A(x) = a)) \qquad (1.27)$$

여기서 첫 번째 수식은 특정 유형($A(x)$)에 대한 확률 분포를 나타내고, 두 번째 수식은 교차 엔트로피 손실이다.

역방향 패스를 다음과 같이 간략하게 표현할 수도 있다. 먼저, **그래디언트 연산자**(*gradient operator*)를 도입한다.

$$\nabla_1 X(\Phi) = \left(\frac{\partial X(\Phi)}{\partial l_1} \cdots \frac{\partial X(\Phi)}{\partial l_m} \right) \tag{1.28}$$

뒤집어진 삼각형 $\nabla_\mathbf{x} f(\mathbf{x})$은 벡터로서 f를 $\mathbf{x}$에 있는 모든 값으로 편미분한 값이다. 앞에서 우리는 개별적인 l_j에 대하여 편미분을 취하였다. 여기서는 모든 1의 요소에 대하여 미분을 계산하여 벡터로 만든다. 독자들은 다음과 같은 행렬의 전치에 대하여 알고 있을 것이다.

$$\begin{pmatrix} x_{1,1} & x_{1,2} & \cdots & x_{1,m} \\ x_{2,1} & x_{2,2} & \cdots & x_{2,m} \\ & & \cdots & \\ x_{l,1} & x_{l,2} & \cdots & x_{l,m} \end{pmatrix}^T = \begin{pmatrix} x_{1,1} & x_{2,1} & \cdots & x_{l,1} \\ x_{1,2} & x_{2,2} & \cdots & x_{l,2} \\ & & \cdots & \\ x_{1,m} & x_{2,m} & \cdots & x_{l,m} \end{pmatrix} \tag{1.29}$$

이것을 이용하여 식 (1.22)를 다음과 같이 작성할 수 있고,

$$\mathbf{\Delta W} = -\mathcal{L}\mathbf{X}^T \nabla_1 X(\Phi) \tag{1.30}$$

(784×1 행렬) $\times$ (1×10 행렬)하여 784×10 가중치 변경 행렬을 얻는다.

이것은 입력 계층의 값이 선형 유닛으로 구성된 계층으로 전달되고, 로짓이 계산되는 과정이다. 이후에 손실 미분값이 계산되고 이것이 역전파되어서 매개변수가 변경된다. 그러나 이 새로운 표기법을 선호하는 실질적인 이유가 있다. 첫 번째로, 많은 숫자의 선형 단위를 가지고 실행하는 경우에 일반적으로 특히 시간이 오래 걸릴 수 있다. 그러나 많은 중요한 문제들이 행렬 표기법으로 표현될 수 있으며, 많은 프로그래밍 언어에는 선형 대수학을 사용하여 프로그래밍할 수 있는 특수 패키지를 제공한다. 이러한 패키지는 여러분이 직접 코딩한 것보다 효율적이다. 특히 파이썬에서는 **넘파이**(*Numpy*)라고 하는 패키지가 제공되어 행렬 연산을 빠르게 할 수 있다. 일반적으로 10배 이상의 속도 향상을 기대할 수 있다.

두 번째로, 선형 대수학을 많이 사용하는 프로그램은 컴퓨터 그래픽 및 게임 프로그램이다. 이로 인해 **그래픽 처리 장치**(*graphics processing unit*, **GPU**)라는 특별한 하드웨어가 탄생했다. CPU와 비교했을 때 GPU는 속도가 느린 프로세서로 취급되지만, 처리 소자의 숫자가 많고 소프트웨어를 사용하면 선형 대수 계산을 위해 병렬로 효율적으로 처리할 수 있다. 신경망을 위한 특수한 라이브러리(예, **Tensorflow**)에서는 내장된 소프트웨어가 GPU를 감지하고 자동적으로 계산 시 사용한다. 이것도 10배 이상의 속도 향상을 기대할 수 있다.

행렬 표기법을 채택하는 세 번째 이유가 있다. 특수 목적 소프트웨어 패키지(예, 넘파이)와 하드웨어(GPU)는 여러 훈련 예제를 병렬로 처리할 때 더 효율적이다. 게다가, 이것은 우리가 모델 매개변수를 업데이트하기 전에 m개의 예제를 처리하기를 원한다는 생각에 부합한다. 이를 위해, m개의 예제를 행렬에 입력하여 함께 실행되도록 처리한다. 식 (1.25)에서 우리는 영상 $\mathbf{x}$를 크기 1×784의 행렬로 생각했다. 이제 행렬이 $m \times 784$ 크기라고 생각할 수도 있다. 흥미롭게도 이것은 우리의 코드를 변경하지 않아도 아주 쉽게 동작된다(필요한 변경 사항은 이미 넘파이와 텐서플로우에 내장되어 있다). 왜 그런지 살펴보자.

먼저, X가 1이 아니고 m행을 가지는 행렬 곱셈 XW를 생각해 보자. 1행이라면 크기 1×784의 출력을 얻는다. m행이 있다면 출력은 $m \times 784$가 된다. 선형 대수학으로부터 행렬 곱셈의 경우, 결과 행은 단일 행의 곱셈을 수행한 다음 함께 쌓아서 $m \times 784$ 크기가 된다.

수식에 바이어스 항을 추가하면 잘 되지 않는다. 우리는 행렬 곱셈을 할 때 양쪽이 동일한 크기여야 한다고 했었다. 이것은 식 (1.25)에서 더 이상 성립되지 않는다. $\mathbf{XW}$는 이제 $m \times 10$이지만, 바이어스를 나타내는 $\mathbf{B}$는 1×10이다. 따라서 약간의 수정은 필요하다.

넘파이와 텐서플로우는 모두 **브로드캐스팅**(*broadcasting*) 기능을 가지고 있다. 어떤 산술적인 연산을 할 때 배열의 크기가 다르면 자동적으로 크기를 조정해 주는 기능이다. 특히 행렬이 $1 \times n$ 크기인데 우리가 원하는 크기는 $m \times n$이라고 하면 첫 번째 행렬의 하나의 행을 $m - 1$번 복사해서 크기를 $m \times n$으로 만든다. 이것이 바로 여기서 우리가 원하는 기능이다. 이 기능 덕택에 $\mathbf{B}$는 $m \times 10$으로 변경된다. 따라서 우리가 곱셈으로부터 출력되는 $m \times 10$의 출력의 모든 항에 바이어스를 추가한다. 크기가 1×10이었을 때 우리가 어떤 작업을 했는지를 기억하여야 한다. 10개 유닛의 출력값은 10개의 가능한 유형 중에서 어떤 유형인지를 나타내는 결정이고 이 결정을 위하여 바이어스를 추가하는 것이다. 이제는 병렬로 m개의 예제를 처리하고 있을 뿐이다.

1.6 데이터 독립성

모든 정리는 가정이 성립해야만 유효하다. 우리의 신경망 모델도 마찬가지이다. 훈련 데이터가 독립적이고 균일하게 분포되어 있어야(iid 가정: independent, identically distributed) 올바른 해결책으로 수렴한다. iid 가정이 성립하는 표준적인 예제는 우주선(cosmic ray) 측정이다. 우주에서 들어오는 광선은 놀랄 만큼 어떤 방향에서도 균일하며 무작위하다.

우리의 훈련 데이터는 좀처럼 이렇지 않다. 표준연구소(National Institute of Standards, NIST)가 새로운 예제를 계속 제공한다고 하자. 첫 번째 에포크의 데이터는 iid 가정이 잘 지켜진다. 하지만 우리가 두 번째 에포크를 시작할 때, 우리의 데이터는 첫 번째 에포크와 동일하다. 어떤 경우에는 훈련 예제 2번부터 시작하여 iid 가정이 실패할 수 있다. 이것은 심층 강화 학습(deep reinforcement learning)에서 잘 발생한다. 이와 같은 이유로 심층 강화 학습을 사용하는 신경망은 종종 **불안정성**(*instability*)으로 고통받는다. 신경망이 올바른 해결책에 수렴하지 못하거나 때로는 어떤 것이든지 해결책이 되어 버린다. 여기서 우리는 비교적 크기가 작은 예제를 고려한다. 따라서 무작위가 아닌 고정된 순서로 데이터를 주입한다면 참담한 결과를 가져올 수 있다.

각 Mnist 영상에 대해, 동일하지만 흑백이 반전된 두 번째 영상을 추가했다고 가정하자. 즉, 원본이 화소값 v를 갖는 경우, 반전된 영상에는 $-v$가 된다. 이제 우리는 Mnist 퍼셉트론을 이 새로운 데이터에 대해 훈련시켜 보자. 하지만 훈련 예제의 순서는 다르게 하자. 또 배치 크기는 짝수라고 하자. 첫 번째 방법으로 각 원본 Mnist 영상을 제공한 후에 즉시 반전된 버전을 제공한다. 이 경우에는 우리의 단순한 Mnist NN은 무작위 버전보다 더 잘 수행하지 못한다. 잠시 생각해 보면 결과는 합리적으로 설명할 수 있다. 우리는 하나의 영상을 보고, 역방향 패스는 가중치를 수정한다. 이어서 바로 반전된 영상을 처리한다. 입력값이 이전 영상의 마이너스값이기 때문에 입력과 그 밖의 모든 것은 동일하며 모든 가중치는 이전의 것을 정확히 취소하게 된다. 따라서 훈련 집합이 끝나도 어떤 가중치에도 변화가 없다. 결론적으로 아무것도 학습이 안 되고 우리가 초기에 설정한 무작위 가중치만을 가지게 된다.

하지만 우리가 원래 데이터와 반전된 데이터 집합을 독립적으로 처리하면 그렇게 어렵지는 않다. 약간만 더 어려울 뿐이다. 실제로 입력의 순서를 약간만 무작위로 만들면 충분히 원래 수준의 성능을 복원하는 것이 가능하다. 우리가 10,000 예제를 처리한 후에 반전된 영상을 본다면 가중치는 이미 충분히 수정되어 있기 때문에 반전된 영상은 원래의 학습을 뒤집지 못한다. 만약 우리가 영원히 계속되는 훈련 영상이 있고 동전을 사용하여 원래의 영상과 반전된 영상 중에서 하나를 선택한다면 이러한 작은 되돌림도 없어질 것이다.

1.7 참고문헌 및 추가자료

"참고문헌 및 추가자료" 절에서 나는 동시에 여러 가지 작업을 시도할 것이다: (a) 학생에게 이번 장의 주제에 대한 추가자료를 제공하는 것, (b) 이 분야의 중요한 공헌을 확인하는 것, (c) 내가 학습을 위하여 사용했던 참고문헌을 제공하는 것. 하지만 (b)에서, 완전성이나 객관성에 대한 어떠한 주장도 하지 않을 것이다. 나는 이 부분을 쓸 준비를 하면서 신경망의 역사에 대하여 읽을 때 이것을 깨달았다. 완전히 공정한 평가를 하기는 현 단계에서 아주 어렵다. 신경망의 역사에 관해서는 나의 기억을 되살리기 위해 Andrey Kurenkov [Kur15]의 블로그 게시물을 읽었다.

NN의 주요 초기 논문 중 하나는 McCulloch와 Pitts [MP43]이다. 여기서 선형 유닛이라고 부르는 뉴런 모델을 처음으로 제안했다. 이것은 1943년에 시작되었다. 하지만 그 당시에는 어떤 작업을 학습하기 위한 학습 알고리즘이 없었다. 이것은 1958년 논문 [Ros58]에서 Rosenblatt의 큰 공헌이었다. 그러나 우리가 본문에서 지적했듯이, 그의 알고리즘은 단층 NN에서만 동작한다.

다음의 혁신적인 단계는 역전파 학습 알고리즘의 발명이었다. 역전파 알고리즘은 여러 계층으로 구성된 NN에서 작동한다. 이 알고리즘은 거의 동시에 많은 연구자들이 독자적으로 아이디어를 제안하였다. (물론 이것은 초기 논문들이 충분히 매력을 끌지 못했기 때문이다.) 이러한 모호한 시기를 끝내게 했던 뛰어난 논문은 Rumelhart, Hinton, Williams 등이 작성한 논문이다. 그들은 명백히 역전파 알고리즘은 재발견이라고 명시적으로 언급하고 있다[RHW86]. 이 논문은 샌디에이고 대학의 한 연구 그룹이 작성한 논문 중의 하나였다. 이 결과물이 두 권으로 구성된 논문 모음집에 나와 있는데 PDP(*Parallel Distributed Processing*)가 그것이다. 이 두 권의 책은 매우 영향력이 있었다[RMG$^+$87].

내가 NN에 대해 어떻게 배웠는지에 관해서는 이후의 장들에 잘 나와 있다. 이번 장을 위해서는 Steven Miller [Mil15] 블로그를 읽는 것으로 시작했던 기억이 있다. 이 블로그는 역전파 알고리즘의 순방향 패스와 역방향 패스를 구체적인 수치를 사용하여 아주 자세하게 설명하고 있다. 일반적으로는 두 권의 일반적인 NN 교과서가 도움이 되었다. 하나는 Ian Goodfellow, Yoshua Bengio 및 Aaron Courville의 *Deep Learning*이다[GBC16]. 다른 하나는 Aurélien Géron의 *Hands-On Machine Learning with Scikit-Learn and Tensorflow*이다[Gér17].

1.8 연습문제

1.1 우리의 Mnist 프로그램을 살펴보자. 배치 크기는 1이다. 첫 번째 예제를 훈련하기 전과 후에 바이어스 변수를 살펴볼 수 있다고 가정하자. 프로그램이 올바르게 동작하는 경우(즉, 버그가 없는 경우) 어떤 바이어스 변화를 볼 수 있는가?

1.2 입력 영상이 [0, 1] 화소값을 가진다고 가정하자. 그리고 바이어스 매개변수가

없고, 이진 분류 문제를 해결하려고 한다. (a) 화소값이 [0, 1]일 때 순방향 패스에서의 로짓값과 확률을 계산해 보자. 가중치는 다음과 같다.

$$\begin{matrix} .2 & -.3 \\ -.1 & .4 \end{matrix}$$

여기서 $w[i, j]$는 i번째 화소와 j번째 유닛을 연결하는 가중치이다. 즉, $w[0, 1]$은 -0.3이 된다. (b) 올바른 해답이 1이라고 하자. 그리고 학습률로 0.1을 가정한다. 손실값은 얼마인가? 또 역방향 패스에서 $\Delta w_{0,0}$을 계산해 보자.

1.3 입력 영상이 [0, 0]일 때 문제 1.2를 다시 풀어 보자.

1.4 당신의 친구가 당신에게 "초등 수학에서 함수의 최솟값은 미분으로 찾을 수 있다. 미분값을 0으로 놓고 이 수식을 풀면 된다. 우리의 손실 함수는 미분 가능한데, 왜 복잡하게 경사 하강법을 사용하는가?"라고 말했다면 어떻게 답변할 것인가?

1.5 다음과 같은 행렬식을 계산해 보자.

$$\begin{pmatrix} 1 & 2 \\ 3 & 4 \end{pmatrix} \begin{pmatrix} 0 & 1 \\ 2 & 3 \end{pmatrix} + \begin{pmatrix} 4 & 5 \end{pmatrix} \tag{1.31}$$

1.6 이번 장에서는 분류 문제에 국한해서 설명하였다. 교차 엔트로피는 전형적으로 많은 사람들이 선택하는 손실 함수이다. NN이 할 수 있는 문제 중에는 특정 값을 예측하기를 원하는 문제가 있다. 예를 들어, 의심할 여지 없이, 많은 사람들은 오늘의 특정 주식 가격과 세계에 대한 모든 종류의 사실이 주어지면 내일 주식의 가격을 출력하는 프로그램을 원한다. 우리가 이것을 하기 위하여 단층 NN을 훈련시킨다고 하자. 우리는 다음과 같은 제곱 오류 손실(*squared error loss*)을 사용한다.

$$L(\mathbf{X}, \Phi) = (t - l(\mathbf{X}, \Phi))^2 \tag{1.32}$$

여기서 t는 그 날의 실제 가격이고 $l(\mathbf{X}, \Phi)$는 $\Phi = \{\mathbf{b}, \mathbf{W}\}$인 단일층 NN의 출력이다. 이러한 손실 함수는 2차 손실(*quadratic loss*)로 알려져 있다. b_i에 대한 손실 함수의 미분값을 유도해 보자.

CHAPTER 2

텐서플로우

| Tensorflow |

2.1 텐서플로우 기초

텐서플로우(*Tensorflow*)는 구글(Google)에서 개발한 오픈 소스 프로그래밍 언어이다. 텐서플로우는 딥러닝 프로그램을 쉽게 만들기 위해 특별히 고안된 라이브러리이다. 우리는 다음과 같은 전통적인 프로그램으로 시작하자.

```
import tensorflow as tf
x = tf.constant("Hello World")
sess = tf.Session()
print(sess.run(x)) # "Hello World"를 출력한다.
```

이 코드가 파이썬 코드처럼 보인다면 여러분은 맞는 판단을 한 것이다. 사실, 텐서플로우(이후부터 TF로 표기한다)는 여러 프로그래밍 언어에서 호출할 수 있는 함수의 모음이다. 가장 완벽한 인터페이스는 파이썬에서 제공된다. 따라서 우리는 파이썬을 사용하기로 하자. 우리는 텐서플로우 1.x버전을 사용한다.

유의할 점은 TF 함수는 우리가 run( ) 함수를 호출할 때만 실행된다는 점이다. 세 번째 줄의 Session이라는 TF 함수는 세션을 생성하고 계산을 정의하는 그래프도 만든다. constant와 같은 함수는 계산에 요소를 추가한다. 이 경우에는 요소라고 하는 것은 단순히 상수로서 문자열 "Hello World"가 요소의 값이다. 세 번째 줄은 TF에게 sess 세션과 관련된 그래프 안의 TF 변수 x를 평가하라고 지시한다. 아마 예상했겠지만 위의 프로그램은 "Hello World"를 출력한다.

만약 우리가 마지막 줄을 `print(x)`로 교체하면 어떤 출력이 나올까? 실행 결과를 보자.

```
Tensor("Const:0", shape=(), dtype=string)
```

위의 결과에서 우리는 변수 "x"가 문자열을 가리키고 있는 것이 아니라는 것을 알 수 있다. 실제로는 텐서플로우의 계산 그래프의 일부를 가리킨다. 우리가 TF 상수의 값에 접근할 수 있는 것은 `sess.run(x)`를 실행하여 이 그래프의 일부를 평가할 때만이다.

위의 코드에서 분명하게 알 수 있는 것은 "x"와 "sess"은 파이썬 변수이고, 변수의 이름은 우리가 원하는 대로 지정할 수 있다. `import`와 `print`는 파이썬 함수이며, 파이썬 인터프리터가 우리가 원하는 것을 알 수 있도록 확실하게 적어 주어야 한다. 마지막으로, `constant`, `Session`, `run`은 모두 TF 명령어(함수)이고 역시 대소문자를 구별하여 정확하게 적어 주어야 한다. 이 부분은 항상 동일하므로 앞으로는 생략하도록 하자.

그림 2.1에 있는 코드에서 x는 파이썬 변수로서 변수의 값은 TF 상수이며 부동소수점 값인 2.0이다. 다음으로, z는 값이 TF 플레이스홀더(*placeholder*)인 파이썬 변수이다. 플레이스홀더는 함수에서 형식 매개변수와 같다. 만약 우리가 다음과 같은

```
x = tf.constant(2.0)
z = tf.placeholder(tf.float32)
sess= tf.Session()
comp=tf.add(x,z)
print(sess.run(comp,feed_dict={z:3.0}))   # 5.0을 출력한다.
print(sess.run(comp,feed_dict={z:16.0}))  # 18.0을 출력한다.
print(sess.run(x))                        # 2.0을 출력한다.
print(sess.run(comp))                     # 아주 긴 오류 메시지를 출력한다.
```

그림 2.1 TF에서의 플레이스홀더

파이썬 코드를 가지고 있다고 하자.

```
x = 2.0
def sillyAdd(z):
    return z+x
print(sillyAdd(3))   # 5.0을 출력한다.
print(sillyAdd(16))  # 18.0을 출력한다.
```

여기서 "z"는 sillyAdd 함수의 매개변수 이름이다. 우리가 sillyAdd(3)과 같이 호출하면 "z"는 3으로 대체된다. TF도 유사하게 동작한다. 단지 TF 플레이스홀더에 값을 주는 방법만 다르다. 그림 2.1의 다섯 번째 줄을 참조하라.

```
print(sess.run(comp,feed_dict={z:3.0})).
```

여기서 feed_dict는 run( ) 함수의 인수이다. 이 인수는 파이썬 딕셔너리를 받을 수 있다. 딕셔너리에서 우리는 계산에 필요한 플레이스홀더에 값을 부여하여야 한다. 따라서 첫 번째 sess.run은 2.0과 3.0의 합을 출력하고 두 번째 sess.run은 18.0 을 출력한다. 세 번째 sess.run은 플레이스홀더가 없어도 되므로 제공할 필요가 없다. 네 번째 sess.run은 주석이 말한 바대로 계산에 필요한 값이 주어지지 않았으므로 긴 오류 메시지가 출력된다.

　텐서플로우가 그 이름을 갖게 된 이유는 기본적인 자료구조가 텐서($tensor$)이기 때문이다. 텐서는 타입(type)이 지정된 다차원 배열이다. 대략 15개의 텐서 타입이 있다. 우리가 플레이스홀더 z를 정의할 때 우리는 타입으로 float32를 주었다. 텐서는 타입과 함께 형태(shape)도 가지고 있다. 2 × 3 크기의 행렬을 고려해 보자. 이 행렬은 [2, 3]의 형태를 가지고 있다. 크기가 4인 벡터는 [4]라는 형태를 가진다. 이것은 1 × 4인 행렬과 같지 않다. 1 × 4인 행렬의 형태(shape)는 [1, 4]이다. 3 × 17 × 6 배열은 [3, 17, 6] 형태를 가진다. 이들은 모두 텐서의 일부이다. 스칼라는 널(null) 형태를 가진다. 스칼라도 텐서이다. 텐서는 선형 대수학에서처럼 행벡터와 열벡터를 구분하지 않는다. 하나의 요소만을 가지는 텐서는 예를 들면 [5]와 같이 표시하고 이것이 열벡터인지 행벡터인지는 구분하지 않는다. 페이지에 텐서를 어떻게 그리는가 하는 것은 중요하지 않다. 우리가 텐서를 그릴 때 0차원이 수직으로 그려지고 1차원은 수평으로 그려질 것이다. (또한 텐서의 요소들은 0부터 시작하는 인덱스 번호를 가진다.)

플레이스홀더 이야기로 돌아가자. 대부분의 플레이스홀더는 간단한 스칼라가 아니라 복잡한 다차원의 텐서들이다. 예를 들어서 다음 절에서는 Mnist 숫자 인식을 위한 프로그램을 시작할 것이다. TF 코드에서는 영상을 받아서 순방향 NN을 실행하여 우리가 보고 있는 숫자가 어떤 것인지 예측하게 될 것이다. 또 학습 단계에서 역방향 패스를 실행할 것이며 프로그램의 매개변수들을 변경할 것이다. 영상을 프로그램에 전달하기 위하여 우리는 플레이스홀더를 사용할 것이다. 플레이스홀더의 타입은 float32이고 우리가 2차원 파이썬 리스트를 사용하여 전달한다면 형태는 [28,28]이 된다. 만약 우리가 1차원 파이썬 리스트를 사용하여 전달한다면 형태는 [784]가 된다.

```
img=tf.placeholder(tf.float32,shape=[28,28])
```

shape은 placeholder 함수의 인수이다.

실제 프로그램으로 들어가기 전에 우리가 알아야 하는 또 하나의 TF 자료구조가 있다. NN 모델은 모델의 매개변수와 구조로 정의된다. 구조란 매개변수가 어떻게 입력값들과 결합하여 출력을 생성하는가이다. 매개변수(예, 입력 영상과 연결된 가중치 w)는 전형적으로 난수값으로 초기화된다. NN 모델은 훈련 데이터에 대하여 손실 함수를 최소화하는 방향으로 매개변수를 변경한다. TF 매개변수를 생성하는 세 단계가 있다. 첫 번째 단계는 초깃값으로 텐서를 생성하는 것이다. 두 번째 단계는 이 텐서를 Variable(TF에서는 매개변수를 이렇게 부른다)로 변환하고 이어서 TF 변수/매개변수를 초기화한다. 예를 들어서 그림 1.11과 같이 순방향 Mnist 의사 코드를 위한 매개변수들을 생성해 보자. 바이어스 b와 가중치 W를 생성해 보자.

```
bt = tf.random_normal([10], stddev=.1)
b = tf.Variable(bt)
W = tf.Variable(tf.random_normal([784,10],stddev=.1))
sess=tf.Session()
```

```
sess.run(tf.global_variables_initializer())
print(sess.run(b))
```

첫 번째 줄은 형태가 [10]이고 표준 편차가 0.1인 **표준 분포**(*normal distribution*) 에서 생성되는 10개의 난수로 채워진 텐서를 생성한다. (표준 분포는 가우시안 분포 [*Gaussian distribution*]라고도 불린다. 잘 알려진 종 모양의 분포이다. 숫자들은 평균값을 중심으로 추출되며, 이들이 평균에서 얼마나 벗어나는지가 **표준 편차**[*standard deviation*]로 결정된다. 구체적으로 68%의 값이 평균으로부터 1.0 편차 안에 위치한다. 더 멀리 떨어진 값들이 나타날 확률은 급격히 줄어든다.)

두 번째 줄은 bt를 받아서 동일한 형태와 값들을 가지는 TF 변수를 TF 그래프에 추가한다. 우리는 한번 생성한 텐서를 다시 참조하는 일은 거의 필요하지 않기 때문에 세 번째 줄에서는 텐서에 대한 포인터를 생략하고 바로 변수 W만 생성하였다. b, W를 사용하기 전에 우리는 우리가 생성한 세션에서 이들을 초기화하여야 한다. 이 것은 다섯 번째 줄에서 이루어진다. 여섯 번째 줄은 다음과 같이 출력한다. 이 출력은 실행할 때마다 다르게 나온다.

```
[-0.05206999   0.08943175 -0.09178174 -0.13757218   0.15039739
  0.05112269  -0.02723283 -0.02022207   0.12535755 -0.12932496]
```

만약 우리가 마지막 2개의 줄의 순서를 바꾸었다면 우리는 오류 메시지를 얻었을 것이다. b가 초기화되지 않았기 때문이다.

따라서 TF 프로그램에서는 우리는 변수를 생성해서 여기에 모델 매개변수를 저장한다. 초기에는 방향성이 없는 난수에 불과하다. 그래디언트를 사용하는 역방향 패스가 이들을 변경할 것이다. 한번 변경되면 sess가 가리키는 세션에 새로운 값을 유지하고 이들을 다음 패스에 사용한다.

2.2 TF 프로그램

그림 2.2에서는 순방향 NN Mnist 프로그램을 텐서플로우로 구현하였다. 거의 완전

```
0 import tensorflow as tf
1 from tensorflow.examples.tutorials.mnist import input_data
2 mnist = input_data.read_data_sets("MNIST_data/", one_hot=True)
3
4 batchSz=100
5 W = tf.Variable(tf.random_normal([784, 10],stddev=.1))
6 b = tf.Variable(tf.random_normal([10],stddev=.1))
7
8 img=tf.placeholder(tf.float32, [batchSz,784])
9 ans = tf.placeholder(tf.float32, [batchSz, 10])
10
11 prbs = tf.nn.softmax(tf.matmul(img, W) + b)
12 xEnt = tf.reduce_mean(-tf.reduce_sum(ans * tf.log(prbs),
13                                     reduction_indices=[1]))
14 train = tf.train.GradientDescentOptimizer(0.5).minimize(xEnt)
15 numCorrect= tf.equal(tf.argmax(prbs,1), tf.argmax(ans,1))
16 accuracy = tf.reduce_mean(tf.cast(numCorrect, tf.float32))
17
18 sess = tf.Session()
19 sess.run(tf.global_variables_initializer())
20 #-----------------------------------------------
21 for i in range(1000):
22   imgs, anss = mnist.train.next_batch(batchSz)
23   sess.run(train, feed_dict={img: imgs, ans: anss})

25 sumAcc=0
26 for i in range(1000):
27   imgs, anss= mnist.test.next_batch(batchSz)
28   sumAcc+=sess.run(accuracy, feed_dict={img: imgs, ans: anss})
29 print "Test Accuracy: %r" % (sumAcc/1000)
```

그림 2.2 순방향 Mnist NN 텐서플로우 코드

한 코드이다. 여기서 생략된 코드는 Mnist 데이터를 읽는 코드인 mnist.train. next_batch()뿐이다. 점선 이전까지의 코드는 TF 계산 그래프를 설정하는 것과 관련이 있다. 점선 이후의 모든 문장들은 계산 그래프를 사용하여 매개변수를 학습한 다음, 프로그램을 실행하여 학습한 결과가 테스트 데이터를 얼마나 정확하게 분류하 는지를 확인한다. 이제 한 줄씩 자세히 살펴보자.

Tensorflow를 포함시키고 Mnist 데이터를 읽은 후에 우리는 5행과 6행에 있는 두 개의 매개변수를 정의한다. 이것은 앞의 소스를 약간 변형한 것이다. 다음으로 NN에 입력하는 데이터를 위한 플레이스홀더를 만든다. 8행에는 영상 데이터를 위한 플레이스홀더가 있다. 이것은 `[batchSz, 784]` 형태의 텐서이다. 앞에서 우리는 선형 대수학을 NN 계산 시에 사용하면 동시에 여러 예제를 처리할 수 있고, 계산 속도가 빨라진다는 것을 알았다. 또한 이것은 확률적 경사 하강법에서 배치 크기의 개념과 잘 어울린다. 여기서 우리는 선형 대수학이 TF에서 어떻게 사용되는지를 볼 수 있다. 즉, 영상의 플레이스홀더는 784 픽셀의 행 하나가 아니라 `batchSz`개(100개)의 행을 사용한다. 마찬가지로, 9행에서 우리는 프로그램에 `batchSz`개의 정답을 주는 것을 볼 수 있다.

9행에 대하여 추가적인 설명이 있다. 예제의 정답은 길이는 10이며 a번째를 제외한 모든 값은 0이다. 여기서 a는 해당 영상의 올바른 숫자이다. 예를 들면, 우리는 1장에서 숫자 7의 영상을 사용하였다(그림 1.1). 정답의 해당 표현은 `(0, 0, 0, 0, 0, 0, 0, 1, 0, 0)`이다. 이 형식의 벡터는 하나의 값만 선택하는 속성이 있기 때문에 원-핫 벡터(*one-hot vector*)라고도 한다.

9행에서 프로그램의 매개변수와 입력 사항이 모두 끝난다. 이제 실제 계산을 그래프에 배치하는 코드로 이동하자. 11행은 특히 NN 계산을 위한 TF의 힘을 보여 주기 시작한다. 이들 행은 우리 모델의 순방향 NN 패스의 대부분을 정의한다. 특히 우리는 선형 유닛(`W`와 `b`로 정의)에 영상(일괄 처리된 크기)을 공급하고 모든 결과에 소프트맥스를 적용하여 확률 벡터를 얻고 싶다고 지정한다.

이와 같은 코드를 볼 때, 관여하는 텐서의 형태가 올바른지를 먼저 확인하여야 한다. 여기서 가장 안쪽의 계산은 입력 영상 [100, 784] 곱하기 `W` [784, 10]의 행렬 곱셈 `matmul`로 우리에게 [100, 10] 형태의 배열을 준다. 여기에 바이어스를 더하면 [100, 10] 형태의 배열이 된다. 이것들은 100개의 영상에 대한 10개의 로짓이다. 그런 다음 이것을 소프트맥스 함수에 전달하고 영상에 대한 레이블 확률인 [100, 10] 행렬로 끝난다.

12행은 우리가 병렬로 처리하는 100개의 예제에 대한 평균 교차 엔트로피 손실

0.20	0.10	0.20	0.10	0.40		-1.6	-2.3	-1.6	-2.3	-0.9
0.20	0.10	0.20	0.10	0.40	→	-1.6	-2.3	-1.6	-2.3	-0.9
0.20	0.10	0.20	0.10	0.40		-1.6	-2.3	-1.6	-2.3	-0.9

그림 2.3   `tf.log` 연산

0	0	1	0	0		1.6	2.3	1.6	2.3	0.9		0	0	1.6	0	0
0	0	1	0	0	*	1.6	2.3	1.6	2.3	0.9	=	0	0	1.6	0	0
0	0	0	0	1		1.6	2.3	1.6	2.3	0.9		0	0	0	0	0.9

그림 2.4   정답 * 음의 로그 확률

을 계산한다. `tf.log(x)`는 x의 모든 원소가 자연로그로 대체된 텐서를 반환한다. 그림 2.3에서는 3개의 벡터로 구성된 배치에서 작동하는 `tf.log`를 보여 준다. 각 벡터는 5개의 요소를 가지고, 이들은 확률 분포를 나타낸다.

다음에 `ans * tf.log(prbs)`에서 곱셈 기호 "*"는 텐서 2개의 요소별 곱셈을 수행한다. 그림 2.4는 정답과 음의 자연로그 행렬을 곱하면 정답을 제외하고 다른 것이 0이 되는 행을 생성함을 보여 준다.

영상당 교차 엔트로피를 계산하기 위하여 우리는 배열의 모든 값들을 합해야 한다. 첫 번째로 해야 할 것은 다음과 같은 연산이다.

```
tf.reduce_sum( A,reduction_indices = [1]),
```

이것은 그림 2.5에 나와 있는 대로 A의 행을 합한다. 중요한 부분은 다음이다.

```
reduction_indices = [1].
```

앞에서 텐서를 소개할 때, 텐서는 0부터 시작하는 인덱스를 사용한다고 언급하였다.

0	0	1.6	0	0		1.6
0	0	1.6	0	0	→	1.6
0	0	0	0	0.9		0.9

그림 2.5   reduction_index=[1]로 tf.reduce_sum의 계산

이제 reduce_sum()에서 reduction_index=[0]로 하면 열의 합을 계산할 수 있다. 행의 합을 계산하려면 reduction_index=[1]이라고 해야 한다. 이제, 각 행은 정답만 남게 되고, [100, 1] 배열이 된다. (그림 2.5는 배치 크기를 3이라고 가정하였고, 10개가 아닌 5개 중에서 하나를 선택한다고 가정하였다.) 교차 엔트로피 계산의 마지막 부분으로 그림 2.2의 13행의 reduce_mean()은 모든 열들을 합하고 평균을 계산한다.

이제 그림 2.2의 14행으로 가자. 여기서 TF는 정말로 그 장점을 보여 주는데, 이 한 행은 전체 역방향 패스를 활성화하는 데 필요한 것이다.

```
tf.train.GradientDescentOptimizer(0.5).minimize(xEnt)
```

이것은 경사 하강법을 사용하여 가중치 변화를 계산하고 12, 13행에 정의된 교차 엔트로피 손실 함수를 최소화하는 것이다. 학습 속도는 0.5로 지정된다. 우리는 미분값이나 기타 계산에 대해 걱정할 필요가 없다. TF에서의 순방향 계산 그래프와 TF에서의 손실 함수를 작성하면 TF 컴파일러는 필요한 미분값을 계산하는 방법을 알고 올바른 순서로 엮어서 가중치를 변경한다. 우리는 다른 학습 속도를 선택하여 이 함수 호출을 수정할 수 있다. 다른 손실 함수가 있는 경우, xEnt를 다른 TF 계산을 가리키는 것으로 바꿀 수 있다.

TF가 순방향 패스를 기반으로 하여 역방향 패스를 계산하기 때문에 반드시 모든 순방향 계산이 TF 함수로 수행되어야 TF가 계산을 할 수 있다. 하지만 TF가 다양한 기본 작업 모듈을 가지고 있기 때문에 우리와 같은 초보자에게는 이것은 그다지 큰 한계가 아니다.

15번과 16번 행은 모델의 정확도를 계산한다. 즉, 정답의 수를 세고 처리된 영상의 수로 나눈다. 첫째, 표준 수학 함수 argmax는 $f(x)$를 최대화하는 x의 값을 반환하는 함수이다. 여기서 tf.argmax(prbs,1)는 두 개의 인수를 취한다. 첫 번째는 텐서(tensor)이고, 두 번째는 argmax에서 사용할 텐서 축($axis$)이다. 이것은 reduce_sum에 사용된 인수처럼 작동한다. 즉, 우리가 텐서의 다른 축 상에서 합산할 수 있게 한다. 예를 들어, 텐서가 ((0, 2, 4), (4, 0, 3))이고 우리가 0축(기본값)을 사용한다면, 우리는 (1, 0, 0)을 얻을 수 있다. 처음에 0을 4로 비교하고 4가 더 크기 때문에 1을 반환한다. 다음으로 2를 0으로 비교하고 2가 더 크기 때문에 0을 반환한다. 축 1을 사용했다면 (2, 0)을 반환했을 것이다. 15번 행에서는 배치 크기의 로짓 배열을 얻을 수 있다. argmax 함수는 최대 로짓값이 있는 위치 배열을 반환한다. 다음으로 tf.equal을 적용하여 최대 로짓 위치와 정답을 비교한다. tf.equal()은 부울값으로 구성된 배치 크기 벡터를 반환한다. tf.cast(tensor, tf.float32)를 호출하면, 부동소수점 숫자가 되어 tf.reduce_mean이 이것을 더할 수 있고 정확한 백분율을 얻을 수 있다. 이들 부울값을 정수로 변환하지 말아야 한다. 정수의 평균을 취하면 정수로 반환되므로 이 경우 항상 0이다.

다음으로 세션(18행)을 정의하고 매개변수 값을 초기화하면(19행), 이제부터 모델을 훈련할 수 있다(21~23행). TF Mnist 라이브러리의 코드를 사용하여 한번에 100개의 영상과 정답을 추출한 다음, train이 가리키는 계산 그래프에서 sess.run을 호출하여 실행한다. 이 학습 루프가 끝나면 한번에 100개의 영상씩 1,000번을 반복하여 학습하게 된다. 따라서 모두 100,000개의 영상을 사용하여 학습한다. 필자의 4-프로세서 Mac Pro에서는 약 5초가 걸린다(처음에는 캐시에 값들을 저장해야 하기 때문에 더 많은 시간이 걸린다). TF는 PC에서 사용 가능한 계산 능력을 살펴보고 자동적으로 무엇을 해야 할지를 파악한다.

그런데 약간 이상한 점이 있다. 우리는 명시적으로 순방향 패스를 언급한 적이 없었다. 어떻게 텐서플로우는 순방향 패스를 파악하는 것일까? TF는 계산 그래프를 기반으로 이것을 파악한다. GradientDescentOptimizer에서 xEnt(12행)가 가리키는 계산을 수행해야 한다는 것을 알고 있다. 이것을 하려면 probs 계산이 필요하며, 이것을 계산하려면 11행에서의 순방향 계산을 하여야 하는 것이다.

마지막으로, 25~29행은 우리가 학습시킨 모델이 테스트 데이터에서 얼마나 잘하는지를 계산한다. 먼저 그래프의 구성을 살펴보면, accuracy 계산에 최종적으로 순방향 계산 probs가 필요하지만, 역방향 패스 계산인 train은 필요치 않음을 알 수 있다. 따라서 우리가 예상해야 할 것처럼, 가중치는 테스트 데이터에서 더 잘 수행되도록 수정되지 않는다. 즉, 테스트 데이터를 처리할 때는 학습이 이루어지지 않는다.

1장에서 언급했듯이, 모델을 학습시키면서 오류율을 출력하는 것은 좋은 디버 깅이다. 오류율은 일반적으로 감소한다. 이렇게 하기 위해 23행을 다음과 같이 변경 한다.

```
acc,ignore= sess.run([accuracy,train],
      feed_dict={img: imgs, ans: anss})
```

이 문장은 함수로부터 2개의 결과를 받는 일반적인 파이썬 구문이다. 첫 번째 계산값 (accuracy의 값)은 acc 변수에 할당되고, 두 번째 계산값은 ignore에 할당된다. (일반적인 파이썬에서 불필요한 값 ignore는 밑줄 기호(_)로 대체한다. 밑줄 기호 (_)는 구문에서 변수를 값으로 받아들일 필요가 있지만 이를 기억할 필요가 없을 때 사용하는 범용 파이썬 기호이다.) 이제 우리는 당연히 acc의 값을 출력하면 된다.

적지 않은 사람들이 다음과 같은 실수를 한다. 즉, 정확도를 별도로 계산하기 위 하여 다음과 같은 행을 23.5행으로 추가하는 것이다.

```
acc= sess.run(accuracy, feed_dict={img: imgs, ans: anss}).
```

그러나 이것은 TF가 현재 순방향 패스를 두 번 수행하므로 효율성이 떨어진다(즉, 훈련할 때 한 번, 정확도를 계산할 때 또 한 번). 그리고 이런 상황을 피하는 더 중요 한 이유가 있다. 첫 번째 호출은 가중치를 수정하므로 이 영상의 올바른 레이블을 더 격려한다. 그 직후에 정확성을 계산하면 약간 과장된 결과를 얻게 된다. `sess.run` 을 한 번 호출해서 두 값을 모두 요청하면 이러한 과장된 값을 피할 수 있다.

2.3 다층 NN

1장의 의사 코드에서 출발하여 우리가 설계하고 TF로 구현한 프로그램은 하나의 계 층만을 사용한다. 즉, 선형 유닛으로 구성된 한 개의 계층이다. 여기서 자연스럽게 드 는 의문은, "여러 선형 계층을 사용하면 더 잘 할 수 있을까?"이다. NN 개발자들은 그 대답이 "아니오"라는 것을 깨달았다. 이것은 선형 유닛이 선형 대수 행렬로 재작성

될 수 있다는 것을 알게 된 직후이다. 즉, 한 계층의 순방향 NN이 단순히 $y = XW$ 를 계산하면 된다는 것을 알게 된 것이다. 우리의 Mnist 모델 W는 784 화소값을 10 개의 로그값으로 변환한 [784, 10] 형태에 바이어스 항을 대체할 가중치를 추가한 것 이다. 우리가 [784, 784] 형태를 가진 선형 유닛 U의 계층을 W [784, 10]과 같은 형 태의 계층 V에 추가한다고 가정해 보자. 우리는 선형 대수를 이용하여 다음과 같이 작성할 수 있다.

$$y = (xU)V \tag{2.1}$$
$$= x(UV) \tag{2.2}$$

두 번째 줄은 행렬의 결합 법칙에서 유추할 수 있다. 여기서 중요한 것은 U와 V를 가 지고 있는 2–계층 NN으로 할 수 있는 작업은 $W = UV$인 1–계층 NN으로도 가능 하다는 점이다.

　하지만 실망하면 안 된다. 간단한 해법이 있다. 계층 간에 비선형 계산을 추가하 면 된다. 가장 일반적으로 사용되는 **tf.nn.relu**(또는 ρ)는 정류된 선형 유닛을 나 타내고, 다음과 같이 정의되며, 그림 2.6은 이것을 보여 준다.

$$\rho(x) = \max(x, 0), \tag{2.3}$$

　심층 학습에서 계층 사이에 놓이는 비선형 함수를 **활성화 함수**(*activation func-*

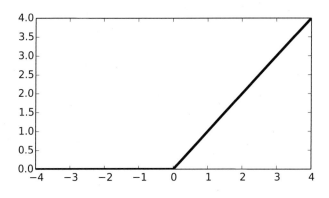

그림 2.6　**tf.nn.relu** 함수

tion)라고 한다. relu가 현재 널리 사용되지만, 다른 함수, 예를 들면 시그모이드 함수(*sigmoid function*)도 사용되며, 다음 식과 같이 정의된다.

$$S(x) = \frac{e^{-x}}{1 + e^{-x}} \tag{2.4}$$

그림 2.7은 시그모이드 함수를 나타낸 것이다. 활성화 함수는 텐서의 실수에 각각 적용된다. 예를 들어, $\rho([1, 17, -3]) = [1, 17, 0]$이다.

relu처럼 단순한 비선형성이 유용하다는 것을 알기 전에는 시그모이드 함수가 매우 인기가 많았다. 그러나 시그모이드 함수가 출력할 수 있는 값의 범위는 0에서 1까지 매우 제한적이다. 반면 relu는 0에서 무한대까지이다. 매개변수가 손실에 미치는 영향에 대한 기울기를 찾기 위해 역방향 패스를 수행할 때 이것은 중요하다. 학습을 위한 역전파 패스에서 그래디언트가 제한된 범위의 값을 가진 활성화 함수를 통과하면 그래디언트가 0이 될 수 있다. 이 과정을 그래디언트 소멸 문제(*vanishing gradient problem*)라고 한다. 많은 연구 결과, relu 같은 간단한 활성화 함수가 큰 도움이 된다는 사실이 알려졌다. 이런 이유로 `tf.nn.lrelu`(leaky relu)도 매우 많이 사용된다. 이것은 `relu`보다 더 넓은 범위를 가지고 있다.

우리의 다층 NN을 위한 새로운 모델은 다음과 같다.

$$\Pr(A(x)) = \sigma(\rho(\mathbf{x}\mathbf{U} + \mathbf{b}_u)\mathbf{V} + \mathbf{b}_v) \tag{2.5}$$

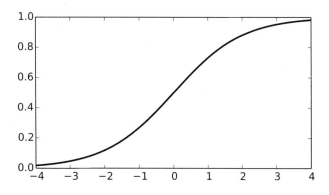

그림 2.7 시그모이드 함수

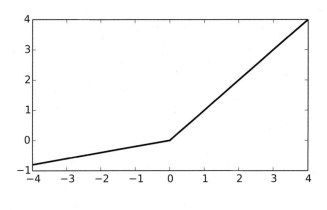

그림 2.8 lrelu 함수

여기서 σ는 소프트맥스 함수이고, **U**와 **V**는 선형 유닛으로 구성된 첫 번째와 두 번째 계층의 가중치이고, $\mathbf{b}_u$와 $\mathbf{b}_v$는 그들의 바이어스이다. 이제 TF에서 이것을 구현해 보자. 그림 2.9에서 그림 2.2의 5행과 6행의 **W**와 **b**의 정의를 그림 2.9의 1행에서 4행까지의 두 층 **U**와 **V**로 바꾼다. 또한 그림 2.2의 11행의 prbs 계산을 그림 2.9의 5행과 7행으로 대체한다. 그러면 코드가 다층 NN으로 바뀐다. (더 많은 수의 매개변수를 올바르게 학습하려면 학습률을 10배 낮추어야 한다.) 이전 프로그램은 100,000개의 영상을 학습한 후에 약 92%의 정확도로 제한되어 있지만 새 프로그램은 100,000 영상에 대하여 약 94%의 정확도를 달성한다. 또한 훈련 영상의 수를 늘리면 테스트 집합의 성능이 약 97%까지 증가한다. 이 코드와 비선형 함수가 없는 코드의 유일한

```
1 U = tf.Variable(tf.random_normal([784,784], stddev=.1))
2 bU = tf.Variable(tf.random_normal([784], stddev=.1))
3 V = tf.Variable(tf.random_normal([784,10], stddev=.1))
4 bV = tf.Variable(tf.random_normal([10], stddev=.1))
5 L1Output = tf.matmul(img,U)+bU
6 L1Output=tf.nn.relu(L1Output)
7 prbs=tf.nn.softmax(tf.matmul(L1Output,V)+bV)
```

그림 2.9 다층 숫자 인식을 위환 TF 그래프 생성

차이점은 6행이다. 6행을 삭제하면 성능은 실제로 약 92%로 되돌아간다. 결론적으로 우리는 수학을 믿어야 한다!

또 한 가지 포인트. 배열 매개변수 $\mathbf{W}$를 갖는 단층 신경망에서, $\mathbf{W}$의 형태는 입력 수(784)와 가능한 출력 수(10)로 고정된다. 두 개의 계층이 있으면, 우리가 할 수 있는 선택이 하나 더 있다. 은닉층 크기(*hidden size*)이다. 그래서 $\mathbf{U}$는 (입력층 크기 × 은닉층 크기)이고 $\mathbf{V}$는 (은닉층 크기 × 출력층 크기)가 된다. 그림 2.9에서는 은닉층 크기를 입력 크기와 동일한 784로 설정했지만, 반드시 이렇게 해야 하는 것은 아니다. 일반적으로 은닉층을 크게 하면 성능은 향상되지만, 어느 정도 커지면 성능 향상은 거의 평탄해진다.

2.4 다른 것들

이 절에서는 텐서플로우 프로그래밍 문제를 해결하는 데 유용한 TF의 특징을 살펴보자. 이것은 이후의 장들에서 다르게 사용할 수 있다.

2.4.1 검사점

가끔 TF 계산을 중간점검하는 것도 유용하다. 이것은 계산의 중간에서 텐서를 저장하는 것인데, 나중에 다시 계산을 시작하거나 다른 프로그램에서 재활용할 수도 있다. TF에서는 중간점검을 위하여 다음과 같은 **saver** 객체를 생성하고 사용할 수 있다.

```
saveOb= tf.train.Saver()
```

이전과 마찬가지로 **saveOb**은 파이썬 변수이며 변수의 이름은 우리가 마음대로 할 수 있다. 객체는 사용하기 전에 언제든지 만들 수 있지만, 아래에 설명하는 이유 때문에 변수 초기화를 하기 전에(**global_variable_initialize()**를 호출하기 전에) 이 객체를 생성하는 것이 논리적이다. saver 객체는 n번의 에포크 훈련이 끝나면 모든 변수의 현재 값을 저장한다.

```
saveOb.save(sess, "mylatest.ckpt")
```

save() 메소드는 저장될 세션과 파일 이름의 두 개의 인수를 취한다. 정보는 파이썬 프로그램과 동일한 디렉토리에 저장된다. 인수가 tmp/model.checkpt인 경우 tmp 디렉토리에 저장된다.

save()를 호출하면 네 개의 파일이 생성된다. 가장 작은 checkpoint라는 파일은 수행된 검사점에 대한 몇 가지 정보를 지정하는 ASCII 파일이다. checkpoint 이름은 고정되어 있다. 만약 여러분의 파일을 "checkpoint"라고 지정했다면 그 파일은 덮어 씌워진다. 다른 세 파일 이름은 여러분이 지정한 문자열을 사용한다. 이 경우 이류은 다음과 같다.

```
mylatest.ckpt.data-00000-of-00001
mylatest.ckpt.index
mylatest.chpt.meta
```

이들 중 첫 번째는 여러분이 지정한 매개변수 값을 저장한다. 나머지 두 개는 TF가 사용하는 메타 정보를 저장한다. 프로그램에서 save()를 반복적으로 호출하면 매번 이 파일들을 덮어쓴다.

다음으로 우리는 앞의 훈련된 NN 모델에 대해 추가로 훈련 에포크를 수행하고 싶다고 하자. 가장 간단한 방법은 원래의 훈련 프로그램을 약간만 수정하는 것이다. saver 객체의 생성은 유지되지만, 이제는 모든 TF 변수를 저장된 값으로 초기화하려고 한다. 따라서 이때는 global_variable_initialize()를 없애 버리고 saver 객체의 restore() 메소드를 호출하여 이를 대체한다.

```
saveOb.restore(sess, "mylatest.ckpt")
```

이렇게 하면 훈련 프로그램을 호출할 때 TF 변수를 이전 훈련에서 마지막으로 저장했을 때의 값으로 설정하여 훈련을 재개한다. 다른 변화는 없다. 따라서 학습 코드가 손실함수 값과 에포크 번호를 출력한다면, 이번에도 1로 시작하는 에포크 번호를 출력할 것이다. (물론 여러분들은 이것을 수정할 수 있고 좀 더 우아하게 코딩을 할 수 있지만, 이 책의 목적은 더 나은 파이썬 코드를 작성하는 것이 아니다.)

2.4.2 tensordot

tensordot()는 텐서에 대한 행렬 곱셈의 일반화 함수이다. 우리는 이전 장에서 표준 행렬 곱셈 matmul()에 대해 알아보았다. A와 B가 가지는 차원의 수가 n으로 동일하고, A의 마지막 차원이 B의 마지막 차원 바로 앞의 차원과 같으면 우리는 tf.matmul(A, B)을 호출할 수 있다. 따라서 A의 차원이 [2, 3, 4]이고 B의 차원이 [2, 4, 6]이면 행렬 곱셈의 차원은 [2, 3, 6]이다. 행렬 곱셈은 내적을 반복하여 취하는 것으로 생각할 수 있다. 예를 들어, 행렬 곱셈은

$$\begin{pmatrix} 1 & 2 & 3 \\ 4 & 5 & 6 \end{pmatrix} \begin{pmatrix} -1 & -2 \\ -3 & -4 \\ -5 & -6 \end{pmatrix} \tag{2.6}$$

$< 1, 2, 3 >$과 $< -1, -3, -5 >$ 벡터의 내적을 취하고 결과 행렬의 왼쪽 상단에 이 값을 넣으면 된다. 이 방식으로 계속하여 i번째 행과 j번째 열의 내적을 취한다. 이 값이 행렬 곱셈의 i, j번째 값이다. 따라서 A가 첫 번째 행렬이고 B가 두 번째 행렬인 경우, 위의 계산은 다음과 같이 표현할 수 있다.

```
tf.tensordot(A, B, [[ 1 ], [ 0 ]])
```

물론 첫 번째와 두 번째 인수는 우리가 작업하고 있는 텐서 객체이다. 세 번째 인수는 두 개의 요소로 된 리스트이다. 첫 번째 요소는 첫 번째 인수의 차원 리스트이고, 두 번째 요소는 두 번째 인수의 차원 리스트이다. 이것은 tensordot()에게 이 두 차원의 내적을 취하도록 지시한다. 당연히, 내적을 계산하려면 명시된 차원은 같은 크기이어야 한다. 차원의 번호는 아래의 그림을 참조한다.

차원 1

차원 0 $\begin{pmatrix} 1 & 2 & 3 \\ 4 & 5 & 6 \end{pmatrix}$

이것은 A의 행과 B의 열을 가지고 내적을 계산하는 것을 의미한다. `tensordot()`는 출력 차원을 왼쪽에서 오른쪽으로 배치한다. A의 차원을 시작으로 B의 차원으로 진행된다. 즉, 입력 차원 [2, 3]과 [3, 2]가 있다고 하자. 내적을 수행하면 이들 차원은 없어지고 [2, 2] 차원의 결과가 생성된다.

그림 2.10은 `matmul()`이 처리할 수 없는 보다 복잡한 예제로, 5장의 소스에서 변수 이름만 변경하였다. 여기서 `tensordot()`가 무엇을 하고 있는지를 한번 보기로 하자. 숫자는 볼 필요 없이 `tensordot()` 함수 호출에서 세 번째 인수인 `[[1][0]]`만을 살펴보자. 이것은 우리가 `encOut`의 1차원과 `AT`의 0차원의 내적을 취한다는 것을 의미한다. 이것은 둘 다 크기가 4이기 때문에 합법적이다. 즉, 차원이 [2, 4,

```
eo=  ( ((  1,  2,  3,  4),
        (  1,  1,  1,  1),
        (  1,  1,  1,  1),
        ( -1,  0, -1,  0)),
       ((  1,  2,  3,  4),
        (  1,  1,  1,  1),
        (  1,  1,  1,  1),
        ( -1,  0, -1,  0)) )
encOut=tf.constant(eo, tf.float32)

AT = (  ( .6, .25, .25 ),
        ( .2, .25, .25 ),
        ( .1, .25, .25 ),
        ( .1, .25, .25 ) )
wAT = tf.constant(AT, tf.float32)

encAT = tf.tensordot(encOut,wAT,[[1],[0]])
sess= tf.Session()

print sess.run(encAT)
[[[ 0.80000001  0.5        0.5        ]
  [ 1.50000012  1.         1.         ]
  [ 2.         1.         1.         ]
  [ 2.70000005  1.5        1.5        ]]
   ...]
```

그림 2.10 tensordot 예제

4] 텐서와 차원이 [*4*, 3]인 텐서의 내적을 각각 계산한다. (이탤릭체로 표시된 숫자는 내적을 수행하는 차원이다.) 내적이 끝나면 이들 차원은 사라지므로 결과 텐서의 크기는 [2, 4, 3]이다. 예제의 맨 아래에서 출력을 보면 알 수 있다. 실제로 두 개의 텐서에서 열의 내적을 계산하고 있다. 즉, 첫 번째 내적은 [1, 1, 1, -1]과 [0.6, 0.2, 0.1, 0.1]의 내적을 계산한다. 결과값 0.8은 결과 텐서의 첫 번째 숫자값으로 나타난다.

마지막으로, tensordot()는 각 텐서에서 한 차원의 내적을 취하는 것으로 국한되지 않는다. A의 차원이 [2, 4, 4]이고 B의 차원이 [4, 4]이면 연산 tensordot (A, B, [[1,2], [0,1]])는 차원 [2]의 결과를 생성한다.

2.4.3 TF 변수의 초기화

1.4절에서 NN 매개변수(즉, TF 변수)를 0에 가까운 난수로 초기화하는 것이 일반적으로 좋다고 말했다. 첫 번째 TF 프로그램(그림 2.9)에서 우리는 다음과 같은 문장으로 이것을 수행했다.

```
b = tf.Variable(tf.random_normal([10], stddev=.1))
```

위의 문장에서 우리는 표준 편차 0.1 정도면 0에 가깝다고 가정하였다.

그러나 이 경우, 표준 편차의 선택에 관한 이론이 있다. 여기에 **자비에 초기화**(*Xavier initialization*)라는 규칙을 제시한다. 이 규칙은 변수를 난수로 초기화할 때 표준편차를 설정하는 데 일상적으로 사용된다. n_i를 계층으로 들어오는 연결의 수로 설정하고 n_o를 나가는 연결의 수라고 하자. 그림 2.9의 변수 W에 대해 $n_i = 784$, 즉 픽셀 수이고, $n_o = 10$, 즉 분류의 수이다. 자비에 초기화의 경우 표준 편차인 σ를 다음과 같이 설정한다.

$$\sigma = \sqrt{\frac{2}{n_i + n_o}} \tag{2.7}$$

예를 들어 W에 대해서는 값이 784와 10이므로 $\sigma \approx 0.0502$가 되어 0.1로 반올림된다. 일반적으로 권장되는 표준 편차는 10 * 10 계층의 경우 0.3에서 1000 * 1000의 경우 0.03까지 다양하다. 입력값과 출력값이 많을수록 표준 편차가 낮아진다.

자비에 초기화는 원래 시그모이드 활성화 함수와 함께 사용되었다(그림 2.7 참조). 하지만 이전에 언급했듯이, 시그모이드 함수의 경우, x가 -2보다 작거나 $+2$보다 큰 경우 $\sigma(x)$는 x에 상대적으로 반응하지 않게 된다. 즉, 시그모이드에 공급된 값이 높거나 낮으면, 값의 변화는 손실 함수 값에 거의 영향을 미치지 않을 수 있다. 따라서 역방향 전파에서 손실 함수의 변화량이 있어도 시그모이드 함수에 의해 거의 없어지게 되어 매개변수에 영향을 끼치지 못한다. 대신에 우리는 뉴런의 입력과 출력 사이의 비율의 **분산**(*variance*)이 약 1이 되기를 원한다. 여기서 우리는 기술적인 의미로 분산을 사용한다. 분산은 난수와 그 평균값과의 차이를 제곱한 것의 **기댓값**(*expected value*)이기 때문이다. 확률 변수 X($E[X]$로 표시함)의 기댓값은 가능한 값의 확률 평균이다.

$$E[X] = \sum_x p(X = x) * x. \tag{2.8}$$

표준적인 예제는 주사위의 기댓값이다.

$$E[R] = \frac{1}{6} * 1 + \frac{1}{6} * 2 + \frac{1}{6} * 3 + \frac{1}{6} * 4 + \frac{1}{6} * 5 + \frac{1}{6} * 6 = 3.5 \tag{2.9}$$

따라서 우리는 출력 분산에 대한 입력 분산의 비율을 약 1로 유지하여 시그모이드 함수에 의하여 신호가 과도한 감쇠가 되지 않도록 한다. 이것이 바로 우리가 초기화에 신경 써야 되는 이유이다. 가중치 행렬 W를 가진 선형 유닛에 대해 순방향 패스(V_f)와 역방향 패스(V_b)의 분산은 각각 다음과 같이 되어야 한다.

$$
\begin{aligned}
V_f(W) &= \sigma^2 \cdot n_i \tag{2.10}\\
V_b(W) &= \sigma^2 \cdot n_o \tag{2.11}
\end{aligned}
$$

여기서 σ는 가중치 **W**의 표준 편차이다. (가우시안 분포의 분산이 σ^2이라는 점을 감안할 때 이것은 말이 된다.) V_f와 V_b를 모두 1로 설정하고 σ에 대해 풀면 다음을 얻는다.

$$\sigma = \sqrt{\frac{1}{n_i}} \qquad (2.12)$$

$$\sigma = \sqrt{\frac{1}{n_o}}. \qquad (2.13)$$

당연히 입력의 개수가 출력과 동일하지 않으면 이 방법은 사용할 수 없다. 종종 여기에 해당하지 않기 때문에 두 값 사이의 "평균"을 취하여 자비에 규칙을 만든다.

$$\sigma = \sqrt{\frac{2}{n_i + n_o}} \qquad (2.14)$$

다른 활성화 함수에 대해서도 거의 유사한 방정식이 있다. 시그모이드처럼 쉽게 포화되지 않는 relu를 비롯한 다른 활성화 함수의 출현으로 이 문제는 이전만큼 중요하지 않다. 그럼에도 불구하고 자비에 규칙은 표준 편차가 무엇인지에 대해 우리에게 잘 설명해 주며 TF 버전에서 자주 사용된다.

2.4.4 TF 그래프 생성 간소화하기

그림 2.9를 보면, 2층 순방향 신경망을 구현하려면 코드가 7줄 필요하다는 것을 알 수 있다. 간단한 신경망의 경우에는 TF가 없는 파이썬으로도 가능하다. 그러나 8층 신경망을 생성한다고 한다면, 이때는 약 24줄의 코드가 필요하다.

TF에는 일반적으로 많이 사용되는 계층들을 구현하여 제공하는 layers 모듈이 있다. 이것을 소개한다.

```
tf.contrib.layers.fully_connected.
```

모든 유닛이 후속 계층의 모든 유닛과 연결되어 있으면 해당 계층이 완전히 연결되었다고 한다. 1장과 2장에서 우리가 사용하는 모든 계층은 완전히 연결되어 있으므로, 완전 연결된 신경망과 그렇지 않은 신경망을 구분할 필요가 없다. 그러한 계층을 정의하기 위하여 우리는 다음과 같은 절차를 수행한다. (a) 가중치 $\mathbf{W}$를 생성하고, (b) 바이어스 $\mathbf{b}$를 생성하고, (c) 행렬 곱셈을 수행하고, 바이어스를 더하고, 마지막으로

(d) 활성화 함수를 적용한다. `tensorflow.contrib.layers`를 계층으로 가져왔다고 가정하면 이 모든 작업을 한 줄로 수행할 수 있다.

```
layerOut=layers.fully_connected(layerIn,outSz,activeFn)
```

위의 호출은 자비에 초기화 방법으로 초기화된 가중치 행렬과 0으로 초기화된 바이어스 벡터를 만든다. `layerIn`에 가중치 행렬을 곱하고, 바이어스를 더한 후에, `activeFn`에 의해 지정된 활성화 함수가 적용된다. 활성화 함수를 지정하지 않으면 `relu`가 사용된다. 활성화 함수를 None으로 지정하면 활성화 함수가 사용되지 않는다.

`fully_connected`를 사용하면 그림 2.9의 7줄을 다음의 1줄로 바꿀 수 있다.

```
L1Output=layers.fully_connected(img,756)
prbs=layers.fully_connected(L1Output,10,tf.nn.softmax)
```

우리는 `tf.nn.softmax`를 두 번째 계층의 활성화 함수로 사용하여 두 번째 계층의 출력에 적용하도록 지정했다. 우리가 100−계층의 NN을 가지고 있다면, 위와 같은 100개의 호출을 하는 것조차도 지루할 것이다. 다행히 우리에게는 반복 구문을 제공하는 파이썬이 있다. 다소 기발한 예제를 인용하기 위해, 100개의 은닉층을 만들고 싶다고 가정하고, 각각의 계층은 이전보다 크기가 하나 작다고 하자. 맨 처음 계층의 크기는 시스템 매개변수이다. 우리는 다음과 같이 쓸 수 있다.

```
outpt = input
for i in range(100):
    outpt = layers.fully_connected(outpt, sysParam - i)}
```

이 예제는 약간 바보 같지만 결론은 중요하다. 우리가 원한다면 TF 그래프의 일부를 라이브러리에 맡길 수 있으며, 이런 경우에는 TF 그래프를 리스트나 딕셔너리처럼 파이썬에서 취급할 수 있다는 점이다.

2.5 참고문헌과 추가자료

텐서플로우는 구글의 두 연구원인 Jeff Dean과 Greg Corrado, 그리고 스탠포드대 교수 Andrew Ng가 시작한 구글 프로젝트인 **Google Brain**에 의해 시작되었다. 이때 는 "DistBelief"라고 불렀다. 사용이 많아지자 구글은 이것을 본격적으로 개발하기 위헤 토론토대학의 Geoffrey Hinton을 고용하였다. Hinton은 토론토대학의 선구적 인 딥러닝 전문가로, 1장에서 언급한 바 있다.

자비에 초기화(Xavier initialization)는 논문 [GB10]의 첫 번째 저자인 Xavier Glorot의 이름을 붙인 것이다.

요즘 텐서플로우는 딥러닝(예, [Var17])을 겨냥한 프로그래밍 언어 중 하나일 뿐 이다. 사용자 수의 측면에서 텐서플로우가 가장 많이 사용된다. 그 후, 텐서플로우 위에 구축된 고급 언어인 Keras가 2위를 차지했으며, UC 버클리에서 처음 개발된 Caffe가 뒤를 이었다. 페이스북은 현재 Caffe, Caffe2의 오픈 소스 버전을 지원하고 있다. Pytorch는 Torch에 대한 파이썬 인터페이스로, 심층 학습을 사용하는 자연 언 어 처리 커뮤니티에서 선호되는 언어이다.

2.6 연습문제

2.1 그림 2.5에서 `tf.reduce_sum(A)`을 계산했다면 결과는 무엇인가? 여기서 A 는 그림의 왼쪽에 있는 배열이다.

2.2 그림 2.9에서 14행을 가져와서 22행과 23행 사이에 삽입하면 다음과 같다. 무 엇이 잘못되었는가?

```
for i in range(1000):
    imgs, anss = mnist.train.next_batch(batchSz)
    train = tf.train.GradientDescentOptimizer(0.5).minimize(xEnt)
    sess.run(train, feed_dict={img: imgs, ans: anss})
```

2.3 아래와 같이 2번 문제의 코드에 대한 또 다른 변형이 있다. 이것은 올바른가? 만약 올바르지 않다면, 무엇이 문제인가?

```
for i in range(1000):
    img, anss= mnist.test.next_batch(batchSz)
    sumAcc+=sess.run(accuracy, feed_dict={img:img, ans:anss})
```

2.4 그림 2.10에서, 다음과 같은 연산에서 나오는 출력 텐서의 형태는 무엇인가? 그리고 이유를 설명하라.

```
tensordot(wAT, encOut, [[0],[1]]) ?
```

2.5 그림 2.10에서 예제의 하단에 출력된 텐서의 첫 번째 숫자(0.8)가 올바른지, 중간 계산 과정을 보여라(소수점 이하 세 자리까지).

2.6 input 텐서의 형태가 [50, 10]이라고 가정하자. 얼마나 많은 TF 변수가 다음에 의해 생성되는가?

```
O1 = layers.fully_connected(input, 20, tf.sigmoid) ?
```

생성된 행렬 안의 변수에 대한 표준 편차는 얼마인가?

CHAPTER 3
컨볼루션 신경망
| Convolutional Neural Networks |

지금까지 고려된 모든 NN은 **완전 연결**(*fully connected*)된 형태였다. 즉, 한 층의 모든 선형 유닛이 다음 층의 모든 선형 유닛에 연결된다. 그러나 NN이 반드시 이 형태를 가질 필요는 없다. 선형 유닛의 출력을 다음 층의 일부 유닛에만 공급하는 순방향 패스(forward pass)도 상상할 수 있다. 약간 더 힘들겠지만 텐서플로우는 여전히 역전파 과정에서 가중치 미분값을 올바르게 계산할 수 있다.

부분적으로 연결된 NN 중의 하나는 **컨볼루션 신경망**(*convolutional network*)이다. 컨볼루션 NN은 특히 컴퓨터 비전에 유용하므로 우리는 Mnist 데이터 세트에 대한 논의를 계속할 것이다.

완전히 연결된 1-층 Mnist NN은 영상의 특정 위치에서의 빛의 강도를 특정 숫자와 연관시키는 것을 학습한다. 예를 들어서 (8, 14)의 화소값과 숫자 1을 연관시킨다. 그러나 이것은 분명히 인간들이 수행하는 방식이 아니다. 만약 더 밝은 실내에서 숫자가 촬영된다면 각 화소값이 10씩 증가할 수도 있지만, 인간의 경우, 이것이 숫자의 인식에 영향을 미칠 경우는 거의 없다. 장면 인식에서 중요한 것은 화소의 절댓값이 아닌 화소값의 차이이다. 또한 차이는 인접한 값 사이에서만 의미가 있다. 당신이 방 한쪽 구석에 전등 하나만 켜져 있는 작은 방에 있다고 가정하자. 전등 반대편은 전등 근처의 "어두운" 부분보다 더 어두울 수 있다. 장면에서 물체를 분류하는 데 중요한 것은 "지역적"이고, "디테일"에 중점을 둔 지역 광도이다. 컴퓨터 비전 연구자들은 이것을 인식하고 예전부터 컨볼루션 연산을 도입하여 사용하고 있다.

3.1 필터, 보폭, 패딩

컨볼루션 필터(*convolutional filter*, 컨볼루션 커널[*convolutional kernel*]이라고도 함)는 일반적으로 작은 배열이다. 우리가 흑백 영상을 다룬다면 컨볼루션 필터는 2차원 배열이다. Mnist는 흑백이기 때문에 2차원 배열이면 충분하다. 색상을 가지고 있는 영상이라면 3차원 배열을 필요로 한다. 즉, 빛의 삼원색인 RBG(적색, 청색, 녹색)에 각각 하나씩 배열이 필요하다. 일단은 컬러 영상은 무시하도록 하자. 나중에 컬러 영상에 대해 다룰 것이다.

그림 3.1에 제시된 컨볼루션 필터에 대해 생각해 보자. 필터와 영상의 일부를 컨볼루션하기 위해서는 필터와 같은 크기의 영상 패치(조각)와의 내적을 계산한다. 두 벡터의 내적은, 벡터의 해당되는 요소를 곱한 다음, 합한다. 우리는 이 개념을 2차원 배열로 일반화한다. 즉, 두 개의 2차원 배열에서 대응되는 요소를 곱한 후에 전부 합하여 하나의 숫자를 얻는다. 이것이 바로 컨볼루션 연산이다.

우리는 컨볼루션 커널을 다음과 같은 **커널 함수**(*kernel function*)라고 생각한다. 영상 I의 x, y 위치에 대한 이 함수의 값 V는 다음과 같다.

$$V(x, y) = (I \cdot K)(x, y) = \sum_m \sum_n I(x + m, y + m)K(m, n) \qquad (3.1)$$

즉, 컨볼루션은 2개의 함수를 인수로 받아서 출력 함수를 계산하는 연산이다. 공식의 오른쪽 연산을 살펴보자. 우리는 보통 x, y를 우리가 작업하고 있는 영상 패치의 중간이라고 생각한다. 따라서 아래 표시된 4 × 4 커널의 경우 m과 n은 −2에서 +1까지 변경된다.

$$
\begin{array}{cccc}
1.0 & 1.0 & 1.0 & 1.0 \\
1.0 & 1.0 & 1.0 & 1.0 \\
-1.0 & -1.0 & -1.0 & -1.0 \\
-1.0 & -1.0 & -1.0 & -1.0
\end{array}
$$

그림 3.1 수평선 감지를 위한 간단한 필터

```
0.0    0.0    0.0    0.0    0.0    0.0
0.0    2.0    2.0    2..0   0.0    0.0
0.0    2.0    2.0    2..0   0.0    0.0
0.0    2.0    2.0    2..0   0.0    0.0
0.0    0.0    0.0    0.0    0.0    0.0
0.0    0.0    0.0    0.0    0.0    0.0
```

그림 3.2 작은 사각형 영상

그림 3.1의 필터를 그림 3.2에 표시된 사각형 영상의 오른쪽 하단 부분과 결합해 보자. 필터의 하단 두 줄은 모두 영상의 0과 겹치게 된다. 그러나 필터의 왼쪽 위 4개의 요소는 모두 사각형의 2.0과 겹치므로 이 패치의 필터값은 8이 된다. 영상 패치 안의 모든 화소값이 0이면 필터값은 0이 된다. 그러나 전체 영상이 모두 10이라고 하더라도 필터값은 여전히 0이 된다. 실제로, 이 필터는 영상 패치의 중간 선을 기준으로 위쪽으로는 높은 값, 아래로는 낮은 값을 가지는 영상 패치에 대해 가장 높은 값을 출력한다. 물론, 필터는 절댓값보다는 빛의 강도 변화에 민감하게 반응할 수 있으며, 필터는 일반적으로 전체 영상보다 훨씬 작기 때문에 지역적인 변화에 집중할 수 있다. 물론, 왼쪽 상단에서 오른쪽 하단으로 가는 직선에 대하여 높은 값을 출력하는 필터 커널을 설계할 수도 있다.

위의 설명에서 필자는 영상의 특징을 추출하는 것처럼 필터를 제시했으며, 실제로 이것은 딥러닝 컨볼루션 필터링의 출현 전에 컴퓨터 비전 연구자들에 의하여 수행된 것이다. 그러나 딥러닝 접근 방식을 특별하게 만드는 것은 이 필터의 값이 NN의 매개변수라는 점이며, 필터의 값은 오류를 역전파할 때 학습된다. 즉, 필터의 값이 미리 정해진 것은 아니다. 하지만 컨볼루션이 어떻게 작동하는지에 대하여 설명할 때는 이것을 무시하는 것이 더 쉽다. 우리는 다음 절까지는 필터를 미리 설계할 것이다.

영상 패치에 필터를 컨볼루션시킬 수도 있지만, 또한 전체 영상에 필터를 컨볼루션시킬 수도 있다. 이것은 필터를 영상에 있는 여러 패치에 반복적으로 적용하면 된다. 대개 우리는 많은 필터를 가지고 있으며, 각 필터의 목적은 영상에서 특정한 특징을 추출하는 것이다. 이 작업이 수행되면 모든 특징 값을 얻을 수 있으며 이것을 완전

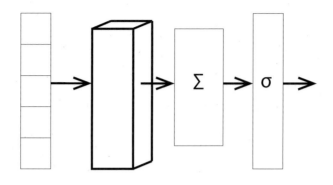

그림 3.3 컨볼루션 필터를 가진 영상 인식 구조

히 연결된 층에 공급할 수 있다. 이이서 소프트맥스와 손실 함수로 공급할 수 있다. 그림 3.3은 이 구조를 나타낸 것이다. 여기서 우리는 3차원 상자로 컨볼루션 필터층을 나타냈다. (이 3차원 상자를 필터 뱅크라고 한다. 필터 뱅크는 높이 × 너비 × (필터 개수) 형태의 3차원 텐서이다.)

여기서 약간 모호한 점은, 필터를 영상 안의 "많은" 패치와 컨볼루션한다고 이야기할 때이다. 이를 보다 정확하게 하기 위해서 **보폭**($stride$)이라는 것을 정의하자. 보폭은 필터를 적용하는 거리이다. 말하자면, 보폭이 2라는 것은 하나씩 건너뛰면서 화소에 필터를 적용한다는 것을 의미한다. 이것을 좀 더 구체적으로 하기 위해 수평 보폭 s_h 및 수직 보폭 s_v에 대해 이야기해 보자. 수평 보폭이 s_h이면 영상에서 매 s_h 화소마다 필터를 적용한다는 것을 의미한다. 우리가 영상 한 줄의 끝에 도달하면 우리는 수직으로 s_v만큼 내려가서 동일한 과정을 반복한다. 여기서 한 가지 주의해야 할 점은, 보폭이 2인 필터를 적용할 때, 여전히 그 영역 내의 모든 화소들에 필터를 적용한다는 것이다(필터 안의 화소를 건너뛰는 것은 아니다). 달라지는 점은 필터가 다음에 적용되는 곳이다.

다음으로 필터를 적용할 때 "영상 한 줄의 끝"이 무엇을 의미하는지를 정의해야 한다. 이것은 패딩($padding$)에 의해 정의된다. TF에서는 두 가지 가능한 패딩인 **VALID** 및 **SAME** 패딩을 사용할 수 있다. 필터를 영상의 특정 패치와 컨볼루션한 후에

```
0   1         23   24    25    26    27

.   .   3.2   3.1  2.5   2..0  0     0
.   .   3.2   3.1  2.5   2.0   0     0          VALID 패딩
.   .   3.2   3.1  2.5   2.0   0     0


.   .   3.2   3.1  2.5   2..0  0     0
.   .   3.2   3.1  2.5   2.0   0     0          SAME 패딩
```

그림 3.4 한 줄의 끝에서 VALID와 SAME 패딩

는 s_h만큼 오른쪽으로 이동한다. 이때 다음 세 가지 가능성이 있다.

(a) 영상 경계 근처에 있지 않으므로 이 줄에서 계속 작업한다.

(b) 필터의 가장 왼쪽 화소가 영상 가장자리를 벗어난다.

(c) 필터의 가장 왼쪽 화소는 영상 안에 있지만 필터의 오른쪽은 영상 끝을 넘는다.

SAME 패딩은 (b)에서 중지되고, VALID 패딩은 (c)에서 중지된다. 예를 들어 그림 3.4는 영상이 28 화소 너비이고, 필터가 4 × 2 크기, 보폭이 1인 상황을 보여 준다. VALID 패딩으로 설정되어 있다면, 화소 24 이후부터는 필터 적용이 중지된다. 왜냐하면 필터가 화소 25로 이동하게 되고 너비 4의 필터를 채우려면 존재하지 않는 28번째 화소가 필요하기 때문이다. SAME 패딩으로 설정되어 있다면 화소 27 이후까지 컨볼루션을 계속할 것이다. 영상 아래쪽에 도달할 때도 마찬가지이다.

이것을 패딩(*padding*)이라고 부르는 이유는, 영상의 가장자리에서 "가상" 화소를 사용해야 하기 때문이다. 필터의 왼쪽은 영상 경계 안에 있지만 필터의 오른쪽은 그렇지 않을 때 SAME 패딩의 경우에는 가상 화소를 사용하여 컨볼루션을 수행한다. TF에서 가상 화소의 값은 0이다. 따라서 SAME 패딩을 사용하면 영상의 경계를 가상의 화소로 채워야 한다. VALID 패딩을 사용하면 필터의 어떤 부분이 영상 가장자리를 넘어서기 전에 컨볼루션이 멈추기 때문에 패딩이 필요하지 않다. 패딩이 필요한 경우(SAME 패딩 사용) 가능한 모든 가장자리에 패딩이 적용된다.

SAME 패딩을 수평으로 적용할 컨볼루션이 적용되는 영상 패치의 개수를 계산

해 보자.

$$\lceil i_h / s_h \rceil \tag{3.2}$$

여기서 $\lceil x \rceil$는 천장 함수(*ceiling function*)라고 한다. 이 함수는 x보다 큰 정수 중에서 가장 작은 정수를 반환한다. 왜 천장 함수가 필요한지를 알기 위하여, 영상의 너비가 홀수인 경우를 가정해 보자. 즉, 영상의 너비가 5이고 보폭은 2이다. 먼저 필터가 수평 방향으로 영상 패치 0-2에 적용된다. 그런 후에 두 위치 오른쪽으로 이동하고 영상 패치 2-4에 적용한다. 위치 4에 도달하면 4-6에 적용해야 한다. 하지만 영상의 너비가 5이므로 위치 6이 없다. 그러나 SAME 패딩인 경우 필터를 위치 4-6에서 사용할 수 있도록 줄의 끝에 0을 추가하고 따라서 총 필터 적용 횟수는 3이다. SAME 패딩이 여분의 0을 추가하지 않으면 위의 방정식은 천장이 아닌 바닥 함수를 적용해야 한다. 당연히 동일한 추론이 수직 방향으로도 적용되어 수직 방향으로 패치의 개수는 $\lceil i_v / s_v \rceil$가 된다.

VALID 패딩의 경우, 수평 방향으로 필터가 적용되는 영상 패치의 개수는 다음과 같다.

$$\lfloor (i_h - f_h + 1) / s_h \rfloor \tag{3.3}$$

i_h는 영상의 너비이고 f_h는 필터의 너비이다. $i_h - f_h$는 보폭이 1일 때 이동하는 횟수이다. 필터 적용 횟수는 여기에 1을 더한 것이다.

가상의 화소를 사용함에도 불구하고 SAME 패딩은 필터의 보폭을 1로 하면 출력 영상의 크기가 원본 영상의 크기와 동일하다는 특성을 가지기 때문에 인기가 있다. 자주 우리는 많은 층의 컨볼루션을 결합하여 각 출력이 다음 층의 입력이 되게 할 것이다. 반면에 VALID 패딩은 항상 입력보다 작은 출력을 갖는다. VALID 패딩을 가지는 컨볼루션층을 여러 번 사용하면 영상이 사라질 수도 있다.

실제 코드로 넘어가기 전에 컨볼루션이 영상을 나타내는 방식에 어떤 영향을 미치는지 논의해 보자. TF에서 컨볼루션 NN의 핵심은 다음과 같은 2차원 컨볼루션 함수이다.

```
tf.nn.conv2d(input, filters, strides, padding)
```

함수 이름에 있는 **2d**는 우리가 2차원 영상을 컨볼루션시키고 있음을 나타낸다. 오디오 신호와 같은 1차원 객체 또는 비디오와 같은 3차원 객체도 있다. 예상할 수 있듯이, 첫 번째 인수는 배치 크기의 개별 영상들이다. 지금까지 우리는 개별 영상을 2D 숫자 배열(각 숫자는 빛의 강도)로 생각했었다. 배치라는 점을 포함하면 입력은 3차원 텐서이다.

그러나 **tt.nn.conv2d**에서는 각 영상도 반드시 3차원 객체여야 한다. 영상이 가로 × 세로 × 채널로 이루어져야 한다. 앞에서 언급했듯이 컬러 영상은 빨강, 파랑, 녹색에 각각 하나씩 총 3개의 **채널**(*channel*)이 있다. 우리가 여전히 2D 화소 배열에 대해 이야기하고 있지만, 지금부터 영상을 논의할 때 각 화소는 리스트로 생각한다. 이 리스트에는 흑백 영상의 경우 하나의 값이 있고 컬러 영상의 경우 세 가지 값이 있다.

컨볼루션 필터도 마찬가지이다. $m \times n$ 필터는 $m \times n$ 화소와 크기가 일치하지만, 이제 화소와 필터 모두에 여러 채널이 있을 수 있다. 다소 예외적인 예제이지만, 그림 3.5처럼 케첩병의 수평 에지를 찾기 위한 필터를 만들 수 있다. 필터의 맨 윗줄은 화소의 성분이 적색이 많고 청색과 녹색이 약할 때 가장 높게 활성화된다. 다음 두 행은 적색이 적고 청색과 녹색이 많을 때만 활성화된다. 따라서 케첩병의 수평 에지를 찾을 수 있다.

그림 3.6은 컨볼루션을 작은 테스트 영상에 적용하는 간단한 TF 예를 보여 준다. 위에서 언급했듯이 conv2D에 대한 첫 번째 입력은 4D 텐서이며, 여기서는 상수 I이다. I를 선언하기 전에 주석으로 이것이 배치 크기가 1이고 채널도 1인 간단한 2차원 배열이라고 설명하고 있다. 두 번째 인수는 필터 W의 4차원 텐서이다. 이어서 W의 2

$$(1, -1, -1) \quad (1, -1, -1) \quad (1, -1, -1) \quad (1, -1, -1)$$
$$(-1, 1, 1) \quad (-1, 1, 1) \quad (-1, 1, 1) \quad (-1, 1, 1)$$
$$(-1, 1, 1) \quad (-1, 1, 1) \quad (-1, 1, 1) \quad (-1, 1, 1)$$

그림 3.5 케첩병의 에지를 검출하는 간단한 필터

```
ii = [[ [[0],[0],[2],[2]],
        [[0],[0],[2],[2]],
        [[0],[0],[2],[2]],
        [[0],[0],[2],[2]] ]]
''' ((0 0 2 2)
    (0 0 2 2)
    (0 0 2 2)
    (0 0 2 2))'''
I = tf.constant(ii, tf.float32)

ww = [ [[[-1]],[[-1]],[[1]]],
       [[[-1]],[[-1]],[[1]]],
       [[[-1]],[[-1]],[[1]]] ]
'''((-1 -1 1)
    (-1 -1 1)
    (-1 -1 1))'''
W = tf.constant(ww, tf.float32)

C =  tf.nn.conv2d( I, W, strides=[1, 1, 1, 1], padding='VALID')
sess = tf.Session()
print sess.run(C)
'''[ [[ 6.]  [ 0.]]
    [[ 6.]  [ 0.]]]'''
```

그림 3.6   conv2D를 사용하는 간단한 예제

차원 버전을 주석으로 보여 주며, 채널과 배치 정보를 제거한 것이다. 이어서 보폭이 모두 1이고 VALID 패딩을 지정하는 **conv2D( )** 함수에 대한 호출을 보여 준다. 결과를 보면 이것은 4D $[\text{batchSz}(1), \text{height}(2), \text{width}(2), \text{channels}(1)]$임을 알 수 있다. 예상할 수 있듯이, VALID 패딩을 사용할 때, 출력의 높이와 너비는 입력 영상보다 크게 줄어든다. 필터가 수직선을 검출하도록 설계되었으므로 필터의 출력은 6으로 매우 높게 나온다.

3.2   간단한 TF 컨볼루션 예제

이제 2장의 순방향 신경망 TF Mnist 프로그램을 컨볼루션 NN 모델로 전환하는 연습을 진행한다. 우리가 만든 코드는 그림 3.7에 나와 있다.

이미 언급했듯이 TF 함수 호출은 **tf.nn.conv2d**이다. 그림 3.7의 5행에서 다음과 같은 문장을 볼 수 있다.

```
convOut = tf.nn.conv2d(image, flts, [1, 2, 2, 1], "SAME")
```

각 인수를 차례로 살펴보자. 앞에서 설명한 것처럼 **image**는 4차원 텐서(이 경우 3차원 영상의 벡터)이다. 배치 크기를 100으로 지정하였으므로 **tf.nn.conv2d**는 100개의 3차원 영상을 요구한다. 2장에서 데이터를 읽는 함수는 길이가 784인 1차원 영상들의 벡터를 읽으므로, 그림 3.7의 1행

]tt image = tf.reshape(img,[100, 28, 28,1])

은 입력 영상을 [100, 28, 28, 1] 형태로 바꾼다. 여기서 "1"은 영상에 하나의 채널이 있음을 나타낸다. **tf.reshape**는 넘파이의 reshape()와 동일하게 동작한다.

5행에서 **tf.nn.conv2d**의 두 번째 인수는 사용될 필터에 대한 포인터이다. 이역시 4D 텐서이다. 이 텐서의 형태는 다음과 같다.

[height, width, channels, number]

```
1  image = tf.reshape(img, [100, 28, 28, 1])
2     #Turns img into 4d Tensor
3  flts=tf.Variable(tf.truncated_normal([4,4,1,4],stddev=0.1))
4     #Create parameters for the filters
5  convOut = tf.nn.conv2d(image, flts, [1, 2, 2, 1], "SAME")
6     #Create graph to do convolution
7  convOut= tf.nn.relu(convOut)
8     #Don't forget to add nonlinearity
9  convOut=tf.reshape(convOut,[100, 784])
10    #Back to  100 1d image vectors
11 prbs = tf.nn.softmax(tf.matmul(convOut, W) + b)
```

그림 3.7 그림 2.2를 컨볼루션 NN으로 변환하는 데 필요한 코드

필터 매개변수는 3행에 작성된다. 우리는 4 × 4 필터([4, 4])를 선택했으며 각 화소에는 하나의 채널([4, 4, 1])이 있으며 4개의 필터([4, 4, 1, 4])를 선택했다. 필터의 높이와 너비 및 개수는 모두 하이퍼 매개변수이다. 채널 수(이 경우 1)는 영상의 채널 수에 의해 결정되므로 고정된다. 우리는 앞에서 필터는 미리 설계되는 것이 아니고 학습된다고 하였다. 3행은 필터값을 NN 모델의 매개변수(초깃값의 평균은 0이고 표준편차는 0.1임)로 생성하고 모델에서 학습한다.

`tf.nn.conv2d`에서 **보폭** 인수는 입력의 네 가지 차원 각각에서 보폭을 나타내는 네 개의 정수 리스트이다. 5행에서 1, 2, 2, 1의 보폭을 선택했음을 알 수 있다. 실제로 첫 번째와 마지막은 거의 항상 1이다. 어쨌든 1이 아닌 경우를 상상하기는 어렵다. 첫 번째 차원은 배치에서 영상을 선택하는 보폭이다. 보폭이 2이면 영상을 하나씩 걸러서 선택한다! 마찬가지로 마지막 보폭이 2라면 3개의 색상 채널을 가지고 있으면 초록색을 건너뛰고 빨간색과 파란색 빛만 처리한다는 의미이다. 따라서 **보폭**의 일반적인 값은 (1, 1, 1, 1)이거나 수평 및 수직 방향 (1, 2, 2, 1)로 하나 걸러서 영상 패치와 컨볼루션시키려는 경우이다. `tf.nn.conv2d` 매뉴얼에서 첫 보폭과 마지막 보폭은 하나가 되어야 한다는 지침을 자주 볼 수 있다.

마지막 인수인 **패딩**은 TF가 인식하는 패딩 유형 중 하나를 나타내는 문자열이다. 여기서는 **SAME**이다.

`conv2d`의 출력은 입력과 매우 유사하다. 역시 4D 텐서이며, 입력과 마찬가지로 출력의 첫 번째 차원은 배치 개수이다. 즉, 출력은 배치 개수만큼의 입력 영상을 컨볼루션한 후에 하나로 모은 것이다. 다음 2개의 차원은 필터 적용의 개수이다. 수평 적용의 개수와 수직 적용의 개수이다. 이들은 식 (3.2) 및 (3.3)에서와 같이 결정될 수 있다. 출력 텐서의 마지막 차원은 필터의 개수이다. 위에서 우리는 4개의 필터를 사용한다고 말했다. 출력 형태는 다음과 같다.

$$[batch\text{-}size,\ horizontal\text{-}size,\ vertical\text{-}size,\ number\text{-}filters]$$

우리의 경우, 이것은 (100, 14, 14, 4)가 될 것이다. 출력을 일종의 "영상"으로 생각하면, 입력 영상의 크기는 28 × 28이고 1채널이지만, 출력 영상의 크기는 (14 × 14)이고 4채널이다. 이는 입력 영상과 출력 영상이 모두 784개의 숫자로 표시됨을 의미한다. 우리는 이것을 2장과 비슷하게 유지하기 위해 의도적으로 이렇게 선택했지만 반드시 이렇게 할 필요는 없다. 예를 들어, 4개가 아닌 16개의 다른 필터를 갖도록 선택할 수 있으며, 이 경우 (14 × 14 × 16 = 3136) 숫자로 표시되는 영상을 갖게 된다.

11행에서 이 784개의 값을 완전히 연결된 층에 공급하여 각 영상에 대한 로짓을 생성한다. 이어서 이 값을 소프트맥스에 공급한 후에 교차 엔트로피 손실을 계산한다 (그림 3.7에 표시되지 않음). Mnist의 컨볼루션 NN 코드는 그림 2.2의 형태를 거의 그대로 가지고 있다. 또한, 위의 7행은 컨볼루션의 출력과 완전히 연결된 층의 입력 사이에 비선형성을 나타낸다. 이것은 중요하다. 전술한 바와 같이, 선형 유닛 사이에 비선형 활성화 함수가 없으면 성능이 개선되지 않는다.

이 프로그램의 성능은 2장의 프로그램의 성능(92%)보다 훨씬 우수하여, 거의 96% 이상을 얻을 수 있다. 모델 매개변수의 개수는 두 버전에서 거의 동일하다. 2장의 프로그램은 **W**에서 7840개의 가중치를 사용하고 **b**에서 100개의 바이어스를 사용한다(완전히 연결된 층의 각 유닛에서 사용하는 (784 + 10)개의 가중치에 10을 곱한 값이다). 컨볼루션 버전은 각각 4 × 4 크기를 가지는 4개의 컨볼루션 필터를 추가하므로 64개의 매개변수가 추가된다. 이것이 컨볼루션 출력 크기를 784로 설정한 이유이다. 일반적으로 NN의 품질은 사용하는 매개변수가 많을수록 높아진다. 그러나 여기서 매개변수의 수는 거의 비슷하게 유지되었다. 즉 매개변수의 개수는 그대로 유지하면서도 성능을 높일 수 있다.

3.3 다층 컨볼루션

앞에서 언급했듯이, 한 층의 컨볼루션보다 여러 층의 컨볼루션을 사용하면 정확도를 더욱 높일 수 있다. 이 절에서는 두 개의 층으로 NN 모델을 구성한다.

다층 컨볼루션의 요점은 `tf.conv2d`의 출력에 대해 논의할 때 이미 언급하였다. 이 함수의 출력은 입력 영상과 형태가 같다. 둘 다 3D 영상의 배치 크기 벡터이며 영상은 2D이고 채널 수를 나타내는 추가 차원을 가진다. 따라서 컨볼루션의 한 층에서 나온 출력은 두 번째 층의 입력이 될 수 있다. 영상에서는 마지막 차원이 색상 채널 수이다. **conv2d** 출력에서 마지막 차원은 컨볼루션층의 필터 개수이다. 여기서 "필터"라는 단어는 적절한 것으로 보인다. 우리가 카메라로 사진을 찍을 때, 푸른 빛만 허용하기 위해 문자 그대로 컬러 필터를 카메라 앞에 놓는다. 필터가 3개이면 RBG 스펙트럼에서 영상을 얻을 수 있다. 우리는 가상적인 스펙트럼인 "수평선 경계 스펙트럼" 같은 유사 스펙트럼에서 "영상"을 얻는다. 이 영상은 그림 3.1과 같은 필터로 생성된 가상 영상이다. 또한, RBG 영상을 위한 필터가 3개의 모든 스펙트럼과 관련된 가중치를 갖는 것처럼, 두 번째 컨볼루션층은 첫 번째로부터 출력된 모든 채널에 대한 가중치를 갖는다.

순방향 Minst NN을 2-계층 컨볼루션 모델로 변환하는 코드를 그림 3.8에 제시하였다. 1~4행은 그림 3.7의 복사판이다. 첫 번째 컨볼루션층의 필터 수를 16(이전 버전의 4에서)으로 늘리는 것을 제외하고 그림 3.7의 첫 번째 줄의 반복이다. 2행은 두 번째 컨볼루션층 필터 **flts2**를 생성한다. 모두 32개를 생성한다. 5행에서 이들 32개의 필터의 값은 제2 컨볼루션층에 대한 32개의 필터가 된다. 7행에서 이러한 출력 값을 선형화하면 (784 × 4)가 된다. 784 화소로 시작했으며 각 컨볼루션층은 가로 및 세로 보폭 2를 사용했다. 따라서 첫 번째 컨볼루션 후 생성되는 3D 영상 크기는 (14, 14, 16)이다. 두 번째 컨볼루션은 14 × 14 영상에서 보폭을 2로 하였고 32채널을 가졌으므로 출력은 [100, 7, 7, 32]이고 7행의 선형화된 버전은 7 × 7 × 32 = 1568이

```
1 image = tf.reshape(img, [100, 28, 28, 1])
2 flts=tf.Variable(tf.normal([4, 4, 1, 16], stddev=0.1))
3 convOut = tf.nn.conv2d(image, flts, [1, 2, 2, 1], "SAME")
4 convOut= tf.nn.relu(convOut)
5 flts2=tf.Variable(tf.normal([2, 2, 16, 32], stddev=0.1))
6 convOut2 = tf.nn.conv2d(convOut, flts2, [1, 2, 2, 1], "SAME")
7 convOut2 = tf.reshape(convOut2, [100, 1568])
8 W = tf.Variable(tf.normal([1568,10],stddev=0.1))
9 prbs = tf.nn.softmax(tf.matmul(convOut2, W) + b)
```

그림 3.8 그림 2.2를 2-층 컨볼루션 NN으로 변환하는 데 필요한 코드

다. 이 값은 이들 영상값을 10개의 로짓으로 바꾸는 W의 높이이기도 하다.

세부 사항에서 다시 되돌아가서 모델의 전체 흐름을 확인하자. 28 × 28 영상으로 시작한다. 마지막에는 7 × 7 영상이 있지만 이 영상에서는 2D 배열의 각 요소마다 32개의 다른 필터값이 있다. 다시 말하자면, 입력 영상을 49개의 패치로 분할하고, 각 패치는 4 × 4 크기이며, 각 패치당 32개의 필터값이 이들 패치의 특징이다. 이것이 성능을 향상시키기 때문에, 우리는 이 값들이 해당 4 × 4 패치의 중요한 특징을 말하고 있다고 가정할 수 있다.

실제로 이것은 사실인 것 같다. 필터의 실제 값을 출력해 보자. 처음에는 이들 값을 보면서 혼란을 느끼겠지만 최소한 시작 레벨에서는 논리적이다. 그림 3.9는 코드를 한 번 실행한 후에 학습한 8개의 컨볼루션 필터 중 4개에 대한 가중치를 보여 준다. 이것이 무엇을 의미하는지 어떤 사람들에게는 이해가 되지 않을 것이다. 그러나

```
    -0.152168  -0.366335  -0.464648  -0.531652
     0.0182653 -0.00621072 -0.306908 -0.377731
     0.482902   0.581139   0.284986   0.0330535
     0.193956   0.407183   0.325831   0.284819


     0.0407645  0.279199   0.515349   0.494845
     0.140978   0.65135    0.877393   0.762161
     0.131708   0.638992   0.413673   0.375259
     0.142061   0.293672   0.166572  -0.113099


     0.0243751  0.206352   0.0310258 -0.339092
     0.633558   0.756878   0.681229   0.243193
     0.894955   0.91901    0.745439   0.452919
     0.543136   0.519047   0.203468   0.0879601


     0.334673   0.252503  -0.339239  -0.646544
     0.360862   0.405571  -0.117221  -0.498999
     0.520955   0.532992   0.220457   0.000427301
     0.464468   0.486983   0.233783   0.101901
```

그림 3.9 2-층 컨볼루션 NN을 한 번 수행 후에 생성된 8개의 필터 중에서 0, 1, 2, 7번째 필터

그림 3.10을 보면 어느 정도 이해가 가능할 것이다. 그림 3.10은 첫 번째 컨볼루션층의 14 × 14 화소에서 가장 높은 값을 가지는 필터를 출력한 것이다. 어렴풋이 숫자 7의 모양이 나온다. 따라서 필터 0은 입력 영상에서 모두 0인 영역과 관련이 있다. 숫자 7의 대각선의 오른쪽 가장자리가 거의 7값을 가지는 반면에, 영상의 수평선 부분은 1값을 가진다. 그림 3.9의 필터값을 다시 보자. 나에게는, 이들 필터 1, 2, 7은 그림 3.9의 결과와 거의 맞는 것 같다. 반면, 필터 0의 값에는 공백을 의미하는 것은 없다. 그러나 이것도 말이 된다. 우리는 넘파이의 argmax 함수를 사용하여 숫자 리스트에서 가장 큰 숫자의 위치를 반환하였다. 빈 영역의 모든 화소값은 0이므로 모든 필터는 0을 반환한다. 모든 값이 동일한 경우, argmax 함수가 첫 번째 값을 반환하고 이것이 예상되는 동작이다.

　그림 3.11은 두 번째 층에서 가장 활동적인 필터를 보여 주는 그림이다. 그림 3.10의 첫 번째 층의 결과보다 해석하기가 어렵다. 왜 그런지에 대한 다양한 주장이 있다. 일반적으로 첫 번째 컨볼루션층의 결과가 다른 것보다 훨씬 해석하기 쉽기 때문에 대부분 첫 번째 층의 결과만을 포함시킨다.

```
0 0 0 0 0 0 0 0 0 0 0 0 0 0
0 0 0 0 0 0 0 0 0 0 0 0 0 0
0 0 0 0 0 0 0 0 0 0 0 0 0 0
0 0 5 2 2 2 2 2 2 2 2 0 0
0 0 1 1 4 4 4 4 2 2 2 0 0
0 0 1 1 1 1 1 1 1 2 7 0 0
0 0 0 0 0 0 0 5 1 4 2 7 0 0
0 0 0 0 0 0 0 5 1 2 7 0 0 0
0 0 0 0 0 0 5 1 4 2 7 0 0 0
0 0 0 0 0 5 2 1 2 7 0 0 0 0
0 0 0 0 0 5 1 4 2 0 0 0 0 0
0 0 0 0 5 1 4 2 7 0 0 0 0 0
0 0 0 0 2 1 2 2 0 0 0 0 0 0
0 0 0 0 1 1 1 7 0 0 0 0 0 0
```

그림 3.10　**그림 1.1을 처리한 후의 1-층의 모든 14 × 14에서 가장 높은 값**

```
0  0  0  0  0  0  0
17 11 31 17 17 16 16
 6 16 12  6  6  5  5
17 17 17  5 24  5 10
 0  0 11 26  3  5  0
 0 17 11 24  5 10  0
 0  6 24  8  5  0  0
```

그림 3.11 그림 1.1의 영상을 처리한 후에 2–층의 모든 7 × 7에서 가장 높은 특징값

3.4 컨볼루션 상세 사항

3.4.1 바이어스

우리의 컨볼루션 커널에도 바이어스가 있을 수 있다. 우리는 지금까지 여러 필터를 각 패치에 적용한 것이 마지막 예제였기 때문에 지금까지 언급하지 않았다. 즉, 그림 3.8의 2행에서 16개의 다른 필터를 지정했다. 바이어스는 채널의 컨볼루션 출력에 값을 추가하여 다른 채널보다 하나의 특정한 필터 채널에 더 많은 가중치를 줄 수 있다. 따라서, 특정 컨볼루션층에서의 바이어스 변수의 수는 출력 채널의 수와 동일하다. 예를 들어 그림 3.8에서 3행과 4행 사이에 다음을 추가하여 첫 번째 컨볼루션층에 바이어스를 추가할 수 있다.

```
bias = tf.Variable(tf.zeros [16])
convOut += bias
```

행렬 계산에서의 브로드캐스팅은 암시적으로 이루어진다. convOut의 모양이 [100, 14, 14, 16]인 반면 bias는 모양이 [16]이므로 덧셈은 암시적으로 [100, 14, 14] 개의 사본을 만든다.

3.4.2 컨볼루션을 가진 층

2.4.4절에서 완전히 연결된 계층인 NN 아키텍처의 표준 구성 요소 중 하나를 layers

를 사용하여 효율적으로 작성할 수 있는 방법을 다루었다. 컨볼루션층에도 동등한 함수가 있다.

```
tf.contrib.layers.conv2d(inpt,numFlts, fltDim, strides, pad)
```

예를 들어, 그림 3.8의 2~4행은 다음과 같이 바꿀 수 있다.

```
convOut = layers.conv2d(image,16, [4,4], 2,"Same") ?
```

컨볼루션 출력은 **convOut**으로 가리킨다. 이전과 마찬가지로 크기가 각각 4 × 4인 16개의 다른 커널을 만든다. 양방향의 보폭은 2이며 SAME 패딩을 사용한다. **lay-ers.conv2d**는 달리 인급히지 않는 한 바이어스를 워한다고 가정하기 때문에 이것은 **layers**를 사용하지 않는 버전과 완전히 동일하지는 않다. 바이어스가 필요 없다면 인수로 **use_bias = False**를 사용하면 된다.

3.4.3 풀링

더 큰 영상(예, 1000 × 1000 화소)에서 예상할 수 있듯이 컨볼루션 NN에서 영상 크기 감소는 훨씬 더 심해진다. 이 감소를 처리하는 데 도움이 되는 TF 함수가 있다. 우리의 프로그램에서 축소는 컨볼루션의 보폭이 하나 건너서였기 때문에 발생했다. 이것을 방지하기 위하여 다음을 수행할 수 있다.

```
convOut = tf.nn.conv2d(image, flts, [1,1,1,1], "SAME")
convOut = tf.nn.max_pool(convOut, [1,2,2,1], [1,2,2,1], "SAME").
```

이 두 행은 그림 3.8의 3행을 대체하기 위한 것이다. 보폭 2의 컨볼루션 대신, 보폭 1과의 컨볼루션을 먼저 적용했다. 따라서 **convOut**은 모양이 [batchSz, 28, 28, 1]이 되어서 영상 크기의 감소가 없다. 다음 행은 원래 사용했던 보폭 2에 의해 생성된 것과 정확히 동일한 크기로 줄인다.

여기에서 핵심 함수인 **max_pool()**은 영상의 특정 영역에 대한 필터의 최댓값을 찾는다. 4개의 인수가 필요하며, 4개 중 3개는 **conv2d()**와 동일하다. 첫 번째는

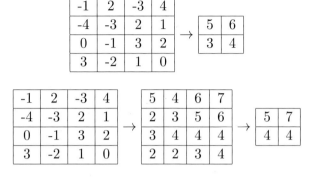

그림 3.12 1/4로 크기를 축소하는 두 가지 방법

영상의 표준 4D 텐서, 세 번째는 보폭, 마지막은 패딩이다. 위의 경우 max_pool() 은 컨볼루션의 4D 출력인 convOut을 받고 있다. 풀링(pooling)은 보폭 [1, 2, 2, 1] 으로 수행되고 있다. 보폭의 첫 번째 요소는 배치 안의 모든 영상을 처리하라고 말하고 있다. 보폭의 마지막은 모든 채널을 처리하라고 말한다. 두 개의 2는 작업을 다시 수행하기 전에 수평 및 수직으로 2만큼 이동하라고 말한다. 이것은 최댓값을 찾는 영역의 크기이다. 평소와 같이 첫 번째와 마지막 1은 거의 강제적이며, 가운데 두 개의 2는 우리가 convOut의 2 × 2 패치에서 최댓값을 취한다는 것을 의미한다.

그림 3.12는 Mnist 프로그램에서 차원을 절반으로 축소할 수 있는 두 가지 방법을 설명한다. 여기서는 4 × 4 크기의 영상에서 수행 결과를 보인다. 첫 번째 방법에서는 우리는 보폭이 2인 (SAME 패딩)을 가진 필터를 적용하여 2 × 2 필터값을 얻는다. 두 번째 방법에서는 보폭이 1인 필터를 적용해서 4 × 4 값 배열을 얻는다. 그런 다음 각각의 개별 2 × 2 패치에서 가장 높은 값을 출력한다. 이것이 최종 배열이 된다.

계속 진행하기 전에, max_pool()과 아주 유사하게 동작하는 avg_pool()도 있음을 알아야 한다. avg_pool()은 최댓값이 아니고 평균값이라는 점만 달라진다.

3.5 참고문헌 및 추가자료

NN과 역전파를 통해 컨볼루션 커널 학습을 소개한 논문은 Yann LeCun 외 연구자들이 쓴 [LBD⁺90]이다. 나중에 LeCun 등에 의해 동일 주제에 대한 훨씬 더 완전한 탐구가 이루어졌다. [LBBH98]은 명확한 표준이다. Mnist 숫자 인식에 대한 구글의 자습서 [Ten17b]에서 컨볼루션 NN 학습의 일부를 제공하고 있다.

영상을 깔끔하게 인식하고 다음 프로젝트를 진행할 수 있는 아이디어를 찾으려면 CFAIR 10 데이터 세트(Canadian Institute for Advanced Research) [KH09]를 추천한다. 이것도 10가지로 영상을 분류하는 작업이지만 인식할 수 있는 객체(비행기, 고양이, 개구리)가 더 복잡하고, 컬러 영상이며, 배경이 복잡할 수 있고, 분류할 객체가 중앙에 위치하지 않는다. 영상의 크기도 더 크다[32, 32, 3]. 데이터 세트는 [Kri09]에서 다운로드할 수 있다. 총 영상 개수는 Mnist와 비슷하게 약 60,000개이므로 우리가 처리 가능한 개수이다. 이 작업을 위한 NN 구축에 대한 온라인 구글 자습서도 있다[Ten17a].

여러분이 **정말로** 야심이 있다면 ILSVRC(Imagenet Large Scale Visual Recognition Challenge) 데이터 세트를 사용해 볼 수 있다. 이것은 훨씬 더 어렵다. 감자 튀김이나 으깬 감자와 같은 고전적인 영상을 포함하여 1000가지의 영상 유형이 있다. 지난 6~7년 동안 이것은 연례 대회에서 컴퓨터 비전 연구원들이 사용하는 데이터 세트였다. **Alexnet** 딥러닝 프로그램이 우승한 역사적인 해는 2012년이었다. 처음으로 NN 프로그램이 우승하였다. Alex Krizhevsky, Ilya Sutskever, Geoffrey Hinton의 이 프로그램[KSH12]은 오류율 15.5%로 우승을 차지하였다. 2위는 오류율 26.2%를 기록했다. 2012년 이후 모든 1위는 NN 프로그램이었다.

2012	15.5
2013	11.2
2014	6.7
2015	3.6
Human	5-10

여기서 "Human" 항목은 훈련받은 사람들이 이 작업에서 5~10% 오차율로 인식함을 나타낸다. 위의 정보가 포함된 표와 차트는 지난 10년 동안 인공 지능에 대한 딥러닝의 영향을 설명할 때 일반적으로 제시되는 중요한 요점이다.

3.6 연습문제

3.1 (a) 흑백 영상에서 세로선을 감지하고 그림 3.2의 영상의 왼쪽 상단에 적용될 때 값 8을 반환하는 3 × 3 커널을 설계하라. 패치의 모든 화소의 강도가 같으면 0을 반환해야 한다. (b) 유사한 다른 커널을 설계하라.

3.2 식 (3.2)에 대한 논의에서 우리는 컨볼루션 필터의 크기는 SAME 패딩을 사용할 때 적용 횟수에 영향을 미치지 않는다고 말했다. 이것이 어떻게 가능한지 설명하라.

3.3 패딩에 대한 논의에서 우리는 VALID 패딩이 항상 입력보다 크기가 작은 출력 영상을 생성한다고 말했다. 엄밀히 말하면, 이것은 사실이 아니다. 어떠한 경우에 이 가정이 거짓인가?

3.4 컨볼루션 NN의 입력이 32 × 32 크기의 컬러 영상이라고 가정하자. 우리는 5 × 5 크기의 컨볼루션 필터 8개를 적용하려고 한다. 우리는 VALID 패딩과 수직 및 수평의 보폭 크기 2를 사용하고 있다. (a) 필터값을 저장하는 변수의 형태(shape)는 무엇인가? (b) `tf.nn.conv2d`의 출력 형태(shape)는 무엇인가?

3.5 3.4.3절의 시작 부분의 코드와 다음 코드와의 다른 점을 설명하라.

```
convOut = tf.nn.conv2d(image, flts, [1,1,1,1], "SAME")
convOut = tf.nn.maxpool(convOut, [1,2,2,1], [1,1,1,1], "SAME").
```

특히 `image`와 `flts`의 임의의 값에 대해 `convOut`의 형태(shape)가 동일한가? 반드시 같은 값을 가져야 하는가? 하나의 값 집합이 다른 값의 부분 집합인가? 각각의 경우의 이유는 무엇인가?

3.6 (a) 다음 `layers` 문장을 실행할 때 생성되는 변수의 개수는 몇 개인가?

```
layers.conv2d(image,10, [2,4], 2," Same", use_bias=False).
```

영상의 형태(shape)가 [100, 8, 8, 3]이라고 가정하자. 형태(shape) 중의 어떤 값이 정답과 관련이 없는가? (b) `use_bias`가 True(기본값)로 설정되어 있으면 몇 개나 관련이 없는가?

CHAPTER 4
단어 임베딩 및 순환 NN
| Word Embeddings and Recurrent NNs |

4.1 언어 모델을 위한 단어 임베딩

언어 모델(*language model*)은 특정 언어 안의 존재하는 모든 문자열에 대한 확률 분포라고 말할 수 있다. 예를 들어, 다음과 같은 문장을 생각해 보자. "At first blush this is a hard notion to get your head around." 아마 여러분은 이 특정 문장을 본적이 없을 가능성이 커서 이 책을 다시 읽지 않으면 두 번 다시 볼 수 없을 것이다. 따라서 이 문장의 확률은 상당히 작을 것이다. 이번에는 같은 단어들로 되어 있지만 단어들의 순서가 반대인 문장을 생각해 보자. 이러한 문장이 나타날 가능성은 앞의 문장의 경우보다 훨씬 작다. 따라서 어떤 단어들로 이루어진 문장은 어느 정도 그럴싸할 수도 있고, 그렇지 않을 수도 있다. 폴란드어를 영어로 번역하려는 프로그램은 영어처럼 들리는 문장과 그렇지 않은 문장을 구별할 수 있어야 한다. 언어 모델은 이 아이디어를 형식화한 것이다.

문자열을 개별 단어로 분리한 후에, 이전 단어가 주어진 상태에서 다음 단어의 확률은 얼마나 될까? $\mathbf{E_{1,n}} = (E_1 \ldots E_n)$을 n개의 랜덤 변수 시퀀스라고 하자. 이것은 n개의 단어로 이루어진 문장을 나타내며, $\mathbf{e_{1,n}}$은 하나의 후보값이다. 예를 들어, n이 6이라면 $\mathbf{e_{1,6}}$은 (We live in a small world)일 수 있다. 우리는 확률의 체인 규칙을 사용하여 다음을 얻을 수 있다.

$$P(\text{We live in a small world}) = P(\text{We})P(\text{live}|\text{We})P(\text{in}|\text{We live})\ldots \quad (4.1)$$

좀 더 일반적으로는 다음과 같다.

$$P(E_{1,n} = e_{1,n}) = \prod_{j=1}^{j=n} P(E_j = e_j | E_{1,j-1} = e_{1,j-1}). \qquad (4.2)$$

계속하기 전에 "문장을 단어로 나누기"라고 언급한 부분을 추가 설명하여야 한다. 이것을 보통 **토큰화**(*tokenization*)라고 하는데, 이 책이 텍스트 이해에 대한 책이라면 아마 이 주제에 한 장(chapter) 전체를 할애해야 할지 모른다. 그러나 우리는 할 일이 많으므로 단순히 "단어"는 두 개의 공백(줄바꿈도 공백으로 간주) 사이의 문자 시퀀스로 정의하자. 예를 들어, "The Norman invasion happened in 1066."라는 문장에 있는 "1066"은 일반적으로는 단어이다. 그런데 우리의 "단어" 정의에 따르면 이것은 단어가 아니다. 왜냐하면 현재의 정의에서는 1066.이 단어이다. 즉 "1066" 뒤에 마침표가 붙은 것이다. 따라서 우리는 단어의 정의에 구두점(예, 마침표, 쉼표, 콜론) 처리를 추가하여야 한다. 이제, 마침표는 "1066"이라는 단어와 분리되어 자체적으로 하나의 단어가 된다고 생각하자.

우리는 영어 어휘의 크기를 제한할 것이다. 예를 들어서 10,000개의 서로 다른 단어들로만 제한할 수 있다. 우리는 어휘를 나타내기 위해 V를 사용하고 |V|는 V의 크기이다. 따라서, 우리는 위에서 언급한 "단어"의 정의에 따라 개발 집합이나 테스트 집합을 가지고 실험할 때, 훈련 집합에 나타나지 않는 단어(예, "The population of Providence is 132,423."라는 문장에서 "132,423")를 보게 될 것이다. V에 없는 모든 단어(즉, 알 수 없는 단어[*unknown words*])는 특수 단어 "*UNK*"로 대체한다. 따라서 이 문장은 이제 우리의 말뭉치(corpus)에서 "The population of Providence is *UNK* ."로 나타난다.

이 장에서 사용하는 데이터는 PTB(*Penn Treebank Corpus*)라고 한다. PTB는 월스트리트저널(Wall Street Journal)의 뉴스 기사에 등장하는 약 1,000,000 단어로 구성된다. PTB는 토큰화되었지만 "*UNK*"되지 않았으므로 어휘 크기는 50,000 단어에 가깝다. PTB에서는 모든 문장이 문법 구조를 나타내는 트리로 바뀌었기 때문에 "트리 뱅크"라고 한다. 우리는 단어에만 관심이 있기 때문에 트리는 무시할 것이다. 또한 10번 이하로 나타나는 단어들은 모두 *UNK*로 바꿀 것이다.

자, 이제 식 (4.2)로 돌아가자. 매우 많은 양의 영어 텍스트를 가지고 있다면, 처음 두세 개의 확률을 추정할 수 있다. 예를 들면, "We live"가 등장하는 횟수와 "We live"에 이어서 "in"이 얼마나 자주 나타나는지를 세는 것이다. 예를 들어 $P(\text{in}|\text{We live})$의 추정치로 두 번째 빈도를 첫 번째 빈도로 나눈 값(즉, 최대 우도 추정값을 사용)을 사용한다. 그러나 n이 커지게 되면 훈련 말뭉치에서 특정한 문장을 찾기 어렵기 때문에 이것은 불가능하다. 예를 들어서 50개의 단어로 이루어진 아주 긴 문장이 훈련 예제에 있을 가능성은 아주 작다.

이 문제에 대한 하나의 해결책은, 다음 단어의 확률이 바로 앞에 있는 하나 또는 두 개의 단어에만 의존한다고 가정하는 것이다. 이렇게 가정하면 다음 단어의 확률을 추정할 때 그 이전의 모든 단어를 무시할 수 있다. 특정한 단어가 이전 단어에만 의존한다고 가정하는 버전은 다음과 같다.

$$P(E_{1,n} = e_{1,n}) = P(E_1 = e_1) \prod_{j=2}^{j=n} P(E_j = e_j | E_{j-1} = e_{j-1}) \tag{4.3}$$

이것을 바이그램(*bigram*) 모델이라고 하는데, 바이그램은 "두 단어"를 의미한다. 각 확률은 두 단어에만 의존하기 때문에 이렇게 불린다. 말뭉치의 시작 부분과 각 문장 끝에 가상의 단어 "STOP"을 넣는다면 이 방정식은 더욱 단순화할 수 있다. 이것을 문장 패딩(*sentence padding*)이라고 한다. 첫 번째 "STOP"이 e_0이면 식 (4.3)은

$$P(E_{1,n} = e_{1,n}) = \prod_{j=1}^{j=n} P(E_j = e_j | E_{j-1} = e_{j-1}) \tag{4.4}$$

앞으로 우리는 모든 말뭉치가 문장 패딩이 되어 있다고 가정한다. 따라서 첫 번째 STOP을 제외하고 언어 모델은 실제 단어뿐만 아니라 모든 STOP도 예측하려고 노력한다.

이러한 단순화를 통해, 나쁜 언어 모델을 만드는 것도 아주 쉬워진다. 예를 들어서 만약 $|V| = 10,000$이면 우리는 어떤 단어가 나올 확률을 무조건 $\frac{1}{10000}$로 취할 수

있다. 하지만 물론 우리가 원하는 것은 좋은 언어 모델이다. 예를 들어서 이전 단어가 "the"이면 "a"에 매우 낮은 확률을 부여하고 "cat" 같은 단어에 훨씬 높은 확률을 부여한다. 우리는 딥러닝을 사용하여 이 작업을 수행한다. 즉, 우리는 심층 신경망에 단어 w_i를 제공하고 가능한 다음 단어에 대한 합리적인 확률 분포를 출력으로 기대한다.

이것을 시작하려면, 단어를 심층 신경망이 조작할 수 있는 종류(예, 부동소수점 숫자)로 바꿔야 한다. 현재 표준 해결책은 각 단어를 float 타입의 벡터로 나타내는 것이다. 이러한 벡터를 **단어 임베딩**(*word embedding*)이라고 한다. 각각의 단어에 대해 우리는 e개의 float 벡터로 임베딩을 생성한다. 여기서 e는 시스템 하이퍼 매개 변수이다. 보통 e를 20 이상으로 한다. 100 정도가 일반적이며, 1000까지는 아직 가지 않는다. 실제로는 두 단계로 나누어 수행한다. 먼저, 어휘 V의 모든 단어는 0에서 $|V| - 1$ 사이의 고유 인덱스(정수)를 가진다. 그리고 우리는 $|V| \times e$ 크기의 배열 $\mathbf{E}$를 정의한다. $\mathbf{E}$는 모든 단어 임베딩을 저장하므로 "the"가 인덱스 5라면 $\mathbf{E}$의 5번째 행이 "the"의 임베딩이다.

이를 염두에 두고 다음 단어의 확률을 추정하기 위한 매우 간단한 순방향 신경망이 그림 4.1에 나와 있다. 왼쪽의 작은 사각형은 신경망에 대한 입력이다. 즉, 현재 단어의 인덱스 e_i이다. 오른쪽에는 가능한 다음 단어 e_{i+1}에 할당된 확률이 있고, 교차 엔트로피 손실 함수는 $-\ln P(e_c)$이다. 올바른 단어에 할당된 확률의 자연 로그에 음수 기호를 붙인 것이다. 다시 왼쪽으로 돌아가자. 현재 단어는 $\mathbf{E}$에서 e_i번째 행을 찾는 **임베딩 계층**(*embedding layer*)에 의해 임베딩으로 변환된다. 이 시점부터 모든 NN 연산은 단어 임베딩에 적용된다.

중요한 점은 $\mathbf{E}$가 모델의 매개변수라는 것이다. 즉, 초기에 $\mathbf{E}$ 안의 임베딩 값은

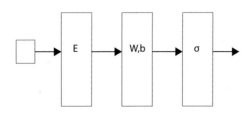

그림 4.1 언어 모델링을 위한 순방향 네트워크

평균값 0과 작은 표준 편차로 생성되는 난수이며, 임베딩 값은 학습이 진행되면서 확률적 경사 하강법에 따라 수정된다. 보다 일반적으로, 역방향 패스에서 텐서플로우는 손실 함수로 시작하여 손실에 영향을 미치는 모든 매개변수를 찾는다. **E**도 그러한 매개변수 중 하나이므로 TF는 이를 수정한다. 이 과정은 안정적인 솔루션으로 수렴된다. 또 하나 놀라운 점은, 유사한 방식으로 동작하는 단어가 유사한 임베딩으로 끝나는 특성을 가지고 있다는 것이다. 예를 들어서 e(임베딩 벡터의 크기)가 30인 경우 전치사 "near"와 "about"은 30차원 공간에서 거의 같은 방향을 가리키며 "computer"와는 가깝지 않다. "computer"는 "machine"에 더 가깝다.

그러나 조금 더 생각하면 아마도 그렇게 놀라운 것은 아니다. 손실을 최소화하려고 할 때 임베딩 값에 어떤 일이 발생하는지 자세히 살펴보자. 이미 언급했듯이 손실 함수는 교차 엔트로피 손실이다. 모든 모델의 매개변수가 거의 0에 가깝기 때문에 처음에는 모든 로짓값이 거의 0이 될 것이다.

이제, 모델이 "says that"이라는 단어 쌍을 이미 훈련했다고 가정해 보자. 이로 인해 "says"가 오면 "that"이 다음에 올 확률이 높아지도록 모델 매개변수가 변경되었다. 이제 처음으로 모델이 "recalls"라는 단어를 보고, 이어서 "that"을 보았다. "recalls"가 "that"을 더 높은 확률로 예측하도록 매개변수를 수정하는 한 가지 방법은 "recalls"의 임베드가 "says"에 대한 임베드와 비슷해지도록 변경하는 것이다. 다음 단어로 "that"을 예측하기를 원하기 때문이다. 이것은 실제로 일어나는 일이다. 일반적으로 유사한 단어가 뒤에 오는 두 단어는 유사한 임베딩을 가진다.

그림 4.2는 약 백만 단어의 텍스트, 어휘 크기는 7,500 단어, 임베딩 크기 30에서 모델을 실행할 때 발생하는 결과를 보여 준다. 두 벡터의 **코사인 유사성**(*cosine similarity*)은 두 벡터가 얼마나 가까운지에 대한 표준 척도이다. 2차원 벡터의 경우 코사인 함수 값은 벡터가 같은 방향을 가리키는 경우 1.0, 직교인 경우 0, 반대 방향인 경우 −1.0이다. 임의의 차원에서 코사인 유사성에 대한 계산은 다음과 같다.

$$\cos(\mathbf{x}, \mathbf{y}) = \frac{\mathbf{x} \cdot \mathbf{y}}{(\sqrt{\sum_{i=1}^{i=n} x_i^2})(\sqrt{\sum_{i=1}^{i=n} y_i^2})} \tag{4.5}$$

그림 4.2는 0에서 9까지 번호가 매겨진 5개의 유사한 단어 쌍을 보여 준다. 즉 하

Word Numbers	Word	Largest Cosine Similarity	Most Similar
0	under		
1	above	0.362	0
2	the	−0.160	0
3	a	0.127	2
4	recalls	0.479	1
5	says	0.553	4
6	rules	−0.066	4
7	laws	0.523	6
8	computer	0.249	2
9	machine	0.333	8

그림 4.2 이전의 모든 단어들과 가장 큰 코사인 유사성이 가장 높은 단어의 색인

나의 쌍에서 첫 번째 단어와 두 번째 단어는 유사하다. 각 단어는 이전의 모든 단어들과 코사인 유사성을 계산한다. 아마도 홀수 번째의 단어가 이전 단어와 가장 유사할 것으로 예상한다. 또한 짝수 번째 단어(각 유사 단어 쌍 중 첫 번째 단어)는 이전의 모든 단어와 유사하지 않을 것으로 예상한다.

단어의 임베딩이 어느 정도 유사하다는 것은 단어 간의 유사성을 의미하기 때문에 임베딩은 "의미"를 정량화하는 방법으로 많이 연구되어 왔으며 이제는 임베딩을 사용하여 상당히 괜찮은 결과를 얻을 수 있다. 중요한 점은 우리가 얼마나 많은 단어를 가지고 훈련하느냐이지만 적합한 구조도 성능을 향상하는 데 도움이 된다. 그러나 대부분의 방법은 비슷한 한계를 가지고 있다. 예를 들어 이런 방법들은 동의어와 반의어를 구별하려고 할 때 종종 장애가 된다. 언어 모델이 다음 단어를 추측하려고 한다는 것을 기억하자. 따라서 어떤 단어 뒤에는 반의어도 종종 등장하기 때문에 반의어도 유사한 단어로 취급될 수 있는 것이다. 단어들이 모인 구절에 대한 좋은 모델을 찾는 것은 한 개의 단어보다 훨씬 어렵다.

4.2 순방향 언어 모델 구축

이제 바이그램 확률을 계산하기 위한 TF 프로그램을 작성해 보자. 이 프로그램은 그

림 2.2의 숫자 인식 모델과 매우 유사하다. 두 경우 모두 교차 엔트로피 손실에 필요한 확률을 생성하기 위해 소프트맥스로 끝나는, 완전히 연결된 순방향 NN을 사용한다. 약간의 차이점이 있을 뿐이다.

먼저, 영상 대신 NN은 $0 \leq i < |V|$ 범위에 속하는 단어의 인덱스를 받는다. 첫 번째 할 일은 이것을 단어의 임베딩 E[i]로 바꾸는 것이다.

```
inpt=tf.placeholder(tf.int32, shape=[batchSz])
answr=tf.placeholder(tf.int32, shape=[batchSz])
E = tf.Variable(tf.random_normal([vocabSz, embedSz],
                                        stddev = 0.1))
embed = tf.nn.embedding_lookup(E, inpt)
```

여기에 나와 있지는 않지만 다른 코드가 단어를 읽고 이것을 단어 인덱스로 바꾼다고 가정한다. 이 코드는 하나의 벡터 안에 `batchSz` 개의 단어 인덱스들을 모은다. `inpt`는 이 벡터를 가리킨다. 각 단어의 올바른 답변(즉, 다음 단어)은 벡터 `answr`이다. 다음으로 임베딩 룩업 배열 `E`를 생성한다. `tf.nn.embedding_lookup`은 필요한 TF 코드를 생성하여 계산 그래프에 추가한다. 이후의 조작(예, `tf.matmul`)은 `embed`에 적용된다. 자연적으로 TF는 다른 모델 매개변수와 마찬가지로 손실을 줄이기 위해 `E`를 업데이트할 것이다.

순방향 네트워크의 다른 쪽 끝을 보면 우리는 TF 함수를 사용하여 교차 엔트로피 손실을 계산한다.

```
xEnt =  tf.nn.sparse_softmax_cross_entropy_with_logits
              (logits=logits,labels=answr)
loss = tf.reduce_sum(xEnt)
```

TF 함수 `tf.nn.sparse_softmax_cross_entropy_with_logits`에는 두 개의 인수가 사용된다. 여기서 `logits` 인수는 로짓값의 `batchSz` 크기 배열이다. (즉, `batchSz` × `vocabSz` 크기의 로짓 배열이다.) `labels` 인수는 정답으로 구성된 벡터이다. 이 함수는 로짓을 `softmax`로 공급하여 `batchSz` × `vocabSz` 크기의 확률 벡터를 얻는다. 즉, 소프트맥스의 i, j번째 요소인 $s_{i,j}$는 해당 배치의 i번째 예제에서 단어 j의 확률이다. 그런 후에 이 함수는 각 행에 대한 올바른 답변(answr에서)의 확률을 찾아서 로그값을 계산하고 로그 확률의 batchSz × 1 크기의 배열(열 벡터)을 출력한다. 위의 두 번째 줄은 해당 열 벡터를 가져와 합하여 해당 배치의 총 손실을 얻는다.

여기서 "sparse"라는 단어를 사용하는 이유는 희소 행렬($sparse\ matrix$)에서의 sparse와 동일하다. 희소 행렬은 대부분의 값이 0인 행렬이므로 0이 아닌 값의 위치와 값만 저장하는 것으로 충분하다. 첫 번째 TF Mnist 프로그램(36쪽)에서의 손실 계산으로 돌아가 보자. 거기서 우리는 숫자 영상에 대한 올바른 레이블이 원-핫 벡터(one-hot vector)의 형태로 제공되었다고 가정하였다. tf.nn.sparse_softmax 안에서 우리는 정답을 제공한다. 정답은 원-핫 벡터의 희소 행렬 버전으로 생각할 수 있다.

이 코드를 사용하는 언어 모델로 되돌아가자. 우리는 훈련 예제에 대해 몇 가지 에포크를 수행하고 그림 4.2와 같은 단어 유사성을 보여 주는 임베딩을 얻는다. 또한 언어 모델을 평가하려면 모든 에포크 후에 훈련 세트의 총 손실을 출력하여야 한다. 에포크 수가 증가하면 손실은 감소해야 한다.

1장에서 훈련 에포크 내에서 매개변수가 모델을 개선할 경우 손실이 감소해야 하기 때문에 예제별 평균 손실을 출력할 것을 제안했다. 여기서 이 아이디어에 약간의 수정을 제안한다. 먼저, 언어 모델링에서 "예제"는 가능한 다음 단어에 확률을 할당하므로 훈련 예제의 수는 우리 훈련 말뭉치에 있는 단어 수이다. 따라서 예제별 평균 손실에 대해 이야기하기보다는 단어당 평균 손실에 대해 이야기하는 것이 낫다. 정확하게는 단어당 평균 손실보다는 평균 손실의 지수값을 사용한다. 즉, $|d|$ 크기의 단어를 가지는 말뭉치 d가 있고, 전체 손실이 x_d이면 다음을 출력한다.

$$f(d) = e^{\frac{x_d}{|d|}}. \tag{4.6}$$

이것을 말뭉치 d의 혼란도($perplexity$)라고 한다. 정보 이론에서 혼란도는 확률 분포 또는 확률 모델이 얼마나 잘 샘플을 예측하느냐를 나타내는 척도이다. 낮은 혼란도는 확률 분포가 샘플 예측에 우수함을 나타낸다.

다음 단어를 추측하는 것은 주사위를 던져서 특정한 숫자가 나오는 결과를 추측하는 것과 같다. 첫 번째 단어가 주어지고 훈련 말뭉치의 두 번째 단어를 추측하는 데 있어 이것이 무엇을 의미하는지 유의하자. 말뭉치의 어휘 크기가 10,000이고 모든 매개변수가 0 근처에서 시작하는 경우, 첫 번째 예제에서 10,000개의 로짓은 거의 0이고 모든 확률은 10^{-4}이다. 이 상태에서는 결과적으로 정확히 혼란도가 어휘 크기인 것을 알 수 있다. 훈련이 진행되면서 혼란도는 감소한다. 약 7,800 단어의 어휘 크기를 가지는 말뭉치의 경우, 10^6 단어의 훈련 집합을 가지고 두 번의 훈련 에포크 이후에 개발 세트에 대하여 180 정도의 혼란도를 가졌다. CPU가 4개인 랩톱을 사용하는 경우, 이 모델은 에포크마다 약 3분이 걸렸다.

4.3 순방향 언어 모델 향상

앞에서 개발한 언어 모델을 개선하는 방법에는 여러 가지가 있다. 예를 들어 2장에서 은닉층(두 층 사이에 활성화 함수가 있는 층)을 추가하면 Mnist 성능이 92%에서 98%로 향상되었다. 여기서도 은닉층을 추가하면 개발 집합의 혼란도가 180에서 177로 향상된다.

그러나 더 나은 혼란도를 얻는 가장 간단한 방법은 바이그램 모델에서 트라이그램(*trigram*) 모델로 이동하는 것이다. 식 (4.2)에서 식 (4.4)로 갈 때 단어의 확률은 이전 단어에만 의존한다고 가정했다. 분명히 이것은 잘못된 것이다. 일반적으로 다음 단어의 선택은 멀리 있는 단어에 의해 영향을 받을 수 있으며 앞에 있는 2개 단어의 영향은 매우 크다. 따라서 이전의 두 단어를 기반으로 적절하게 훈련된 모델(이번에는 세 단어 시퀀스를 기반으로 하기 때문에 트라이그램 모델이라고 한다)은 바이그램 모델보다 훨씬 좋은 혼란도를 얻는다.

바이그램 모델에는 이전 단어 인덱스를 나타내는 플레이스홀더 `inpt`와, 예상되는 단어를 나타내는 `answr` 플레이스홀더가 하나씩 있었다. 이제 이전 이전 단어의 인덱스인 세 번째 플레이스홀더 `inpt2`를 소개한다. TF 계산 그래프에 `inpt2`의 임베딩을 찾는 노드를 추가한다.

```
embed2 = tf.nn.embedding_lookup(E, inpt2),
```

2개를 합병하는 플레이스홀더를 하나 만든다.

```
both= tf.concat([embed,embed2],1)
```

여기서 두 번째 인수는 합병이 이루어지는 텐서의 축을 지정한다. 실제로 우리는 배치 크기의 임베딩을 동시에 처리하고 있으므로 각 조회의 결과는 batch-size × embedding-size 크기의 행렬이다. 임베딩이 하나 추가되어서 최종 배열이 batch-size × (embedding-size × 2)가 되려면 배열의 합병이 축 1, 즉 행을 따라 수행되어야 한다(축 0은 열이다). 마지막으로 $\mathbf{W}$의 크기를 embedding-size × vocabulary-size에서 (embedding-size × 2) × vocabulary-size로 변경할 필요가 있다.

즉, 우리는 이전 단어 두 개에 대한 임베딩을 입력하고 NN은 이것을 사용하여 다음 단어의 확률을 추정한다. 또한 역방향 패스는 두 단어의 임베딩을 업데이트한다. 이것으로 혼란도는 180에서 140으로 내려간다. 또 입력층에 또 다른 이전 단어를 추가하면 혼란도는 약 120으로 줄어든다.

4.4 과적합

1.6절에서 iid 가정이 있어야만 NN의 훈련 방법이 실제로 좋은 가중치로 이어진다고 하였다. 특히, 우리가 훈련 데이터를 여러 번 사용하게 되면 iid 가정은 성립되지 않는다.

그러나 우리는 1장에서 이것에 대한 경험적 증거를 제시하지 못했다. 그 이유는 1장 예제인 Mnist에서는 사용한 훈련 데이터를 여러 번 사용하였어도 전체적으로 매우 잘 분류하였기 때문이다. 만약 훈련 데이터 안에, 발생할 수 있는 모든 것들이 포함된다면 아주 바람직하다. Mnist 데이터에는 거의 모든 변형이 포함되어 있다. Mnist는 60,000건의 훈련 예제만으로 이 기준을 매우 잘 충족시킨다.

하지만 불행히도 대부분의 훈련 데이터 집합은 그렇게 완전하지 않으며, 일반적으로 쓰는 언어 데이터 집합(특히 Penn Treebank)은 이것과는 거리가 멀다.

어휘 크기를 8,000 단어로 제한하고 트라이그램 모델만 채택하더라도 테스트 집합에는 훈련 데이터에 나타나지 않는 많은 트라이그램이 있다. 이런 경우에 상대적으로 크기가 작고 동일한 예제 집합을 반복하다 보면, 모델이 예제의 확률을 과대평가한다. 그림 4.3은 Penn Treebank에서 훈련된 2-계층 트라이그램 언어 모델에 대한 혼란도 결과를 나타낸 것이다. 우리가 훈련한 에포크의 수와 각 에포크에서 각 훈련 예제에 대한 평균 혼란도를 나타내며, 개발 집합에 대한 평균 혼란도 값이 뒤따른다.

첫째, 훈련 집합에 대한 혼란도를 살펴보면, 에포크가 증가함에 따라 단조롭게 감소한다는 것을 알 수 있다. 이것은 당연하다. 하지만 개발 집합의 혼란도는 그렇지 않다. 첫 번째 에포크의 172에서 네 번째 에포크의 143으로 감소하기 시작했지만 두 에포크 동안 거의 동일하고 일곱 번째 에포크부터 증가된다. 20회 반복하면 최대 169이며 30회에는 182에 이른다. 30번 에포크(35 대 182)의 훈련 집합 결과와 개발 집합 결과의 차이는 과적합(overfitting) 때문이다.

정규화(regularization)는 과적합을 방지하는 일반적인 용어이다. 가장 간단한 정규화 기술은 조기 중지(early stopping)이다. 개발 집합 혼란도가 가장 낮은 지점에서 훈련을 중단하는 것이다. 그러나 간단하지만 조기 중지는 과적합을 해결하는 가장 좋은 방법은 아니다. 그림 4.4는 두 가지 더 나은 해결책인 드롭아웃(dropout)과 L2 정규화(L2 regularization)를 보여 준다.

Epoch	1	2	3	4	5	6	7	10	15	20	30
Train	197	122	100	87	78	72	67	56	45	41	35
Dev	172	152	145	143	143	143	145	149	159	169	182

그림 4.3 언어 모델에서의 과적합

Epoch	1	2	3	4	5	6	7	10	15	20	30
Dropout	213	182	166	155	150	144	139	131	122	118	114
L2 Reg	180	163	155	148	144	140	137	130	123	118	112

그림 4.4 규제화를 사용했을 때의 언어 모델 복잡도

드롭아웃은 심층 신경망의 일부를 계산에서 제외하는 방법이다. 예를 들어, 그림 4.4의 드롭아웃 데이터는 첫 번째 선형 단위 계층의 50% 출력을 임의로 제외하여 얻은 것이다. 따라서 다음 계층은 제외된 위치에서는 입력을 0으로 간주한다. 드롭아웃은 반복할 때마다 각기 다른 부분이 제외되기 때문에 훈련 데이터가 각 에포크에서 동일하지 않다고 생각하면 이해하기 쉽다. 이것이 도움이 되는 이유는 심층 신경망 시스템이 특정한 데이터에 의존할 수 없으므로 일반화에 도움이 된다. 그림 4.4에서 볼 수 있듯이 실제로 과적합을 방지하는 데 도움이 된다. 우선, 그림 4.4의 첫 번째 줄은 개발 집합으로 테스트할 때 혼란도가 증가하는 부분이 없음을 보여 준다. 느린 속도(에포크당 약 0.1 단위)이지만 30 에포크에서도 혼란도가 감소한다. 또한, 드롭아웃을 시용하는 방법이 조기 중지로 달성할 수 있는 혼란도 값보다 훨씬 낮은 값을 얻을 수 있다. 114 대 145이다.

그림 4.4에서 보인 두 번째 기술은 L2 정규화이다. L2는 많은 종류의 기계 학습에서 과적합에서는 학습 매개변수가 상당히 커진다는 관찰에서 시작한다. 반대로 거의 0이 되는 경우도 있다. 우리는 동일한 훈련 데이터가 반복되면 NN이 확률을 과대평가하게 한다고 언급했다. 이렇게 되면 훈련 데이터에 속하지 않는 데이터에 대해서는 잘 분류할 수 없다. 이 과대평가는 가중치의 절댓값이나 가중치의 제곱값이 얼마나 큰가를 보면 알 수 있다. L2 정규화를 구현하려면 손실 함수에 가중치의 제곱에 비례하는 항을 추가한다. 즉, 새로운 손실 함수는 다음과 같다.

$$\mathcal{L}(\Phi) = -log(\Pr(c)) + \alpha\frac{1}{2}\sum_{\phi \in \Phi}\phi^2 \tag{4.7}$$

여기에서 α는 두 항의 중요도를 제어하는 실수이다. 보통 작은 값이다. 위 실험에서 일반적인 값인 0.01로 설정했다. 손실 함수를 ϕ에 대하여 미분할 때, 두 번째 항은 $\frac{\partial \mathcal{L}}{\partial \phi}$의 합계에 $\alpha\phi$를 더한다. 이것은 양의 ϕ나 음의 ϕ가 모두 0에 가까워지도록 권장한다.

일반적으로 드롭아웃이 선호되는 방법인 것처럼 보이지만, 두 가지 형식의 정규화 모두 이 예제에서 동일하게 작동한다. 둘 다 TF 네트워크에 쉽게 추가할 수 있다. 예를 들어 선형 단위의 첫 번째 계층(예, w1Out)에서 나오는 값의 50%를 제거하려면 다음과 같이 프로그램에 추가한다.

```
keepP= tf.placeholder(tf.float32)
w1Out=tf.nn.dropout(w1Out,keepP)
```

우리는 keepP를 플레이스홀더로 만들었다. 우리는 훈련할 때만 드롭아웃시킨다. 테스트할 때, 드롭아웃은 필요하지 않으며, 실제로 유해하다. keepP 값을 플레이스홀더로 만들면, 학습할 때 0.5를 주고, 테스트할 때 1.0을 줄 수 있다.

L2 정규화를 사용하는 것도 어렵지 않다. 예를 들어 가중치 W1이 너무 커지는 것을 방지하려면, 우리가 사용하고 있는 손실 함수에 다음을 추가한다.

```
.01 * tf.nn.l2_loss(W1)
```

여기서 0.01은 원래 교차 엔트로피 손실과 비교하여 정규화의 양을 나타내는 하이퍼 매개변수이다. 코드에서 지수 형태로 혼란도를 계산하는 경우 훈련에 사용된 결합 손실과 혼란도 계산에 사용된 손실을 분리해야 한다. 혼란도를 계산할 때는 손실에서는 교차 엔트로피 손실만을 사용해야 한다.

4.5 순환 신경망

순환 신경망(*recurrent neural network*, RNN)은 순방향 NN의 반대이다. RNN은 출력이 다시 입력으로 연결되는 신경망이다. 그래프 용어로는 방향 사이클 그래프라고 할 수 있다. 우리가 이제까지 연구하였던 순방향 신경망은 사이클 없는 방향 그래프라고 할 수 있다. 가장 간단한 RNN 버전이 그림 4.5에 나와 있다. $\mathbf{W_r b_r}$이라고 표시된 상자는 가중치 $\mathbf{W_r}$과 바이어스 $\mathbf{b_r}$에 활성화 함수를 가진 선형 유닛의 계층으로 구성된다. 입력은 왼쪽 아래에서 들어오고 출력 o는 오른쪽에서 나가서 분리된다. 출력의 복사본이 다시 원을 그리며 입력으로 연결된다. 순환을 만드는 것은 바로 이 원이다. 다른 출력 사본은 RNN의 출력 및 손실을 계산하는 매개변수 $\mathbf{W_o}$와 $\mathbf{b_o}$를 가진 선형 유닛의 두 번째 계층으로 간다. 대수적으로 다음과 같이 표현할 수 있다.

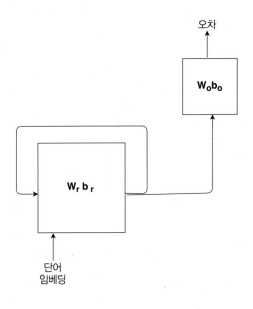

그림 4.5 순환 NN

$$\mathbf{s_0} \;=\; \mathbf{0} \tag{4.8}$$

$$\mathbf{s_{t+1}} \;=\; \rho((\mathbf{e_{t+1}} \cdot \mathbf{s_t})\mathbf{W_r} + \mathbf{b_r}) \tag{4.9}$$

$$\mathbf{o} \;=\; \mathbf{s_{t+1}}\mathbf{W_o} + \mathbf{b_o} \tag{4.10}$$

임의의 값으로 초기화된 상태 벡터 $\mathbf{s_0}$로 순환 관계를 시작한다. 상태 벡터의 차원은 하이퍼 매개변수이다. 다음 입력 $\mathbf{e_{t+1}}$을 이전 상태 $\mathbf{s_t}$와 연결하고 선형 단위 $\mathbf{W_r}$, $\mathbf{b_r}$을 통해 결과를 공급하여 다음 상태를 얻는다. 그런 다음 relu 함수 ρ를 통해 다음 상태를 얻는다. (활성화 함수의 선택은 자유이다.) 마지막으로 RNN 유닛 $\mathbf{o}$의 출력은 제2의 선형 유닛 $\mathbf{W_o}$와 $\mathbf{b_o}$에 현재 상태를 공급함으로써 얻어진다. 손실 함수는 자유롭게 선택할 수 있으며 일반적으로 교차 엔트로피로 계산된다.

순환 신경망은 신경망에 대한 이전 입력이 미래에 영향을 미치도록 하려는 경우에 적합하다. 언어가 이런 식으로 작동하기 때문에 RNN은 일반적으로 특히 언어 관련 처리 및 언어 모델링에 자주 사용된다. 여기에서는 입력이 현재 단어 w_i의 임베딩이고, 예측은 w_{i+1}, 손실은 교차 엔트로피 손실이라고 가정한다.

순환 NN의 순방향 패스 계산은 순방향 NN에서와 거의 비슷하게 작동한다. 단,

이전 반복의 o를 기억하고 이를 순방향 패스의 시작 부분에 포함된 현재 단어와 합친다. 그러나 역방향 패스는 그렇게 분명하지 않다. 이전에는 단어 임베딩의 매개변수가 TF에 의해 업데이트되는 방법을 설명하면서 TF가 손실 함수에서 시작하여 역방향으로 추적하고 오차에 영향을 미치는 매개변수를 계속 찾은 다음 오차를 미분한다고 말했다. 1장의 Mnist를 위한 NN에서 이러한 역방향 패스는 **W**와 **b**를 가지는 층을 거쳐서 입력층을 만나면 중단되었다. 컨볼루션 NN의 경우에도 거의 마찬가지였지만 매개변수가 손실 함수 계산에 포함되는 방식이 더 복잡하였다. 그러나 이제 순환 신경망에서는 역방향 패스에서 얼마나 멀리 뒤로 가야 하는지 제한이 없다.

500번째 단어를 읽고 w_{501}을 확률 1.0으로 예측하지 않았기 때문에 모델 매개변수를 변경하려고 한다고 가정하자. 추적해 보면 이러한 오차의 일부는 그림 4.5의 오른쪽 상단에 있는 신경망의 가중치 W_o로 인한 것이다. 물론, 이 계층에 대한 입력 중 하나는 단어 w_{500}을 방금 처리했을 때의 유닛 o_{500}의 출력이다. 그리고 이 값은 어디에서 왔는가? 글쎄, $\mathbf{W_r}$, $\mathbf{b_r}$뿐만 아니라 일부는 o_{499} 때문이다. 간단히 말해서, "적절하게" 이 작업을 수행하려면 첫 번째 단어부터 시작하는 모든 오차를 감안하여서 가중치 $\mathbf{W_r}$, $\mathbf{b_r}$을 조정하면서 순환 계층의 500번의 반복을 통해 오류를 추적해야 한다. 이것은 실용적이지 않다.

우리는 이 문제를 무식한 방법으로 해결할 것이다. 우리는 임의로 역방향 반복 횟수를 제한한다. 반복 횟수를 **윈도우 크기**($window\ size$)라고 하며 이것은 시스템 하이퍼 매개변수이다. 이 방법은 시간에 따른 전파라고 하며 그림 4.6에 설명되어 있는데, 여기서 윈도우 크기는 3이다. (현실적인 윈도우 크기 값은 보통 20이다.) 보다 상세하게, 그림 4.6은 "It is a small world but I like it that way."라는 문구로 시작하는 말뭉치를 처리하고 있다고 상상한다. 역전파 계산에서 그림 4.6을 단일 단어가 아니라 윈도우 크기(3)만큼의 단어의 오차를 계산하는 순방향 네트워크인 것처럼 처리한다. 우리의 말뭉치의 경우, 첫 번째 훈련 요청은 "STOP It is"를 입력 단어로, "it is a"를 예측할 세 단어로 사용한다.

그림 4.6은 우리가 두 번째 호출을 받고 있다고 생각한다. 들어오는 단어는 "a small world"이고 우리는 "small world but"을 예측해야 한다. 두 번째 순방향 통과

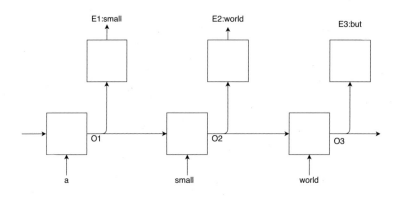

그림 4.6 윈도우의 크기가 3일 때의 역방향 패스

가 시작되면 첫 번째 호출의 출력이 왼쪽 (O0)에서 들어오고 여기에 "a"가 연결되어 RNN을 통과하여 E1에서 손실을 공급하는 O1이 된다.

그러나 E1에 가는 것 외에도 O1은 두 번째 단어인 "small"과도 연결된다. 오차도 계산된다. 여기서 우리는 "small"을 예측할 때의 오차에 대한 **W**와 **b**의 영향을 계산한다. 그러나 **W**와 **b**는 두 가지 방법으로 오류를 일으킨다. 가장 직접적으로는 **W**와 **b**에서 E2로 이어지는 오차뿐만 아니라, **W**와 **b**가 O1에 기여한 방법에서도 발생한다. 우리가 E3을 계산할 때 당연히 **W**와 **b**는 세 가지 방법으로 오차에 영향을 준다. O1, O2, O3에 영향을 준다. 따라서 여기에서 매개변수는 여섯 번 수정된다.

그림 4.6은 배치 크기 문제를 무시한다. 예상한 대로 TF RNN 함수는 배치-크기 훈련(및 테스트)을 동시에 수행할 수 있도록 만들어졌다. 따라서 RNN에 대한 각 호출은 (배치 크기 × 윈도우 크기) 단어 배열을 입력으로 받아서 비슷한 크기의 단어 배열을 출력한다. 앞에서 언급했듯이, 이것의 의미는 배치 크기만큼 병렬로 처리한다는 것이다. 따라서 첫 번째 훈련 요청에서 예측된 마지막 단어는 두 번째 훈련 요청의 첫 번째 단어이다.

이것을 성공적으로 동작시키려면, 배치를 생성하는 방법에 주의해야 한다. 그림 4.7은 모의 말뭉치에 발생하는 일을 보여 준다. 말뭉치는 "STOP It is a small world but l like it that way STOP"이고, 배치 크기 2와 윈도우 크기 3을 가정한다. 기본

STOP	It	is	a	small	world
but	I	like	it	that	way

STOP	It	is
but	I	like

a	small	world
it	that	way

그림 4.7 배치 크기가 2이고 윈도우 크기가 3일 때 단어 할당

아이디어는 먼저 말뭉치를 두 개로 나눈 후에 말뭉치의 첫 부분을 첫 번째 배치로 하고 말뭉치의 두 번째 부분을 두 번째 배치로 하는 것이다. 그림 4.7의 상단은 두 조각으로 나뉜 말뭉치를 보여 준다. 그림의 하단에는 이로부터 생성된 두 개의 입력 배치가 표시된다. 각 배치에는 세 개의 단어가 있다. 다음 단계에서는 배치는 어떻게 될까? 우리는 예측된 단어가 이어서 신경망에 공급되도록 해야 할 것이다. 따라서 다음 단계에서는 맨 윗줄이 "It is a small world but"이 될 것이다.

말뭉치는 13 단어이지만 각 배치는 6개의 단어로 구성된다. 왜 7이 아닌 6인지를 알아보기 위해 두 번째 배치에 대한 예측에 집중하자. 두 번째 배치의 7개의 단어를 주의 깊게 살펴보면, 마지막 입력에 대한 예측 단어가 없다는 것을 알 수 있다. 따라서 x 크기의 말뭉치 및 배치 크기가 b인 경우 말뭉치는 $S = \lfloor (c-1)/b \rfloor$ 섹션으로 나뉜다($\lfloor x \rfloor$는 **바닥 함수**로서 x보다 작은 정수를 반환한다). 여기서 "−1"은 마지막 입력 단어에 해당되는 예측 단어가 없어서이다.

우리는 문장의 끝에서 해야 할 일에 대해 지금까지 아무 말도 하지 않았다. 가장 쉬운 방법은 단순히 다음 문장을 계속 처리하는 것이다. 따라서 윈도우 크기의 세 그먼트는 서로 다른 문장에 속하는 부분을 포함할 수 있다. 우리는 패딩을 위하여 STOP 단어를 그들 사이에 두었다. 따라서 원칙적으로는 RNN이 STOP 다음에 어떤 종류의 단어가 나오는지도 학습하여야 한다. 예를 들어서 문장의 시작이 대문자로 되었다는 것도 그 중 하나이다. 또한 이전 문장의 마지막 단어에 후속 단어에 대한 좋

은 단서가 있을 수 있다. 우리는 언어 모델링에 관심이 있기 때문에 STOP으로 문장을 구분하지만, 다른 경우에는 RNN을 훈련시키거나 사용할 때 문장 분리에 대해 걱정하지 않는다.

그림 4.5와 4.6을 다시 보고 RNN 언어 모델을 어떻게 프로그래밍할 것인지를 검토해 보자. 방금 언급했듯이, 단어 뭉치에서 신경망의 입력으로 이동시키는 코드는 약간 수정해야 한다. 이전에는 입력 및 예측이 배치-크기 벡터였지만, 이제는 (윈도우 크기 × 배치 크기) 배열이다. 또한 각 단어를 단어 임베딩으로 바꿔야 하지만 이것은 이미 순방향 모델에서 해 보았다.

RNN 생성을 위한 핵심 TF 코드는 다음과 같다.

```
rnn= tf.contrib.rnn.BasicRNNCell(rnnSz)
initialState = rnn.zero_state(batchSz, tf.float32)
outputs, nextState = tf.nn.dynamic_rnn(rnn, embeddings,
                  initial_state=initialState)
```

첫 번째 줄은 RNN을 계산 그래프에 추가한다. RNN 가중치 배열의 너비는 자유 매개변수인 `rnnSz`이다. (2장 끝에서 Mnist 모델에 은닉층을 추가했을 때도 비슷한 상황이 발생했었다.) 마지막 줄은 RNN에 대한 호출이다. 세 개의 인수를 취하고 두 개의 값을 반환한다. 첫 번째 인수는 RNN, 둘째 인수는 RNN이 처리할 단어(윈도우 크기 × 배치 크기)와 세 번째 인수는 이전 실행에서 얻은 상태이다. `dynamic_rnn()`을 처음으로 호출할 때는 이전 상태가 없으므로 두 번째 줄에서 `rnn.zero_state()` 함수 호출로 초기 상태를 만든다.

`tf.nn.dynamic_rnn`에는 두 개의 출력이 있다. 첫 번째 출력 `outputs`은 오차 계산에 필요한 정보이다. 그림 4.6에서 이것은 출력 O1, O2, O3이다. `outputs`의 형태는 [batch-size, window-size, rnn-size]이다. `outputs`의 첫 번째 차원은 배치 크기 예제들이다. 각 예제는 O1, O2, O3으로 구성된다. 두 번째 차원은 윈도우 크기이다. 마지막으로, O1은 rnn-size의 float 타입의 벡터로서 하나의 단어에 대한 RNN 출력이 된다.

`tf.nn.dynamic_rnn`의 두 번째 출력은 `nextState`라고 하며 RNN을 통한

```
[[-0.077   0.022  -0.058  -0.229   0.145]
 [-0.167   0.062   0.192  -0.310  -0.156]
 [-0.069  -0.050   0.203   0.000  -0.092]]


[[[-0.073  -0.121  -0.094  -0.213  -0.031]
  [-0.077   0.022  -0.058  -0.229   0.145]]
 [[ 0.179   0.099  -0.042  -0.012   0.175]
  [-0.167   0.062   0.192  -0.310  -0.156]]
 [[ 0.103   0.050   0.160  -0.141  -0.027]
  [-0.069  -0.050   0.203   0.000  -0.092]]]
```

그림 4.8　RNN의 next_state와 outputs

순방향 패스의 마지막 출력 O3이다. 다음번에 `tf.nn.dynamic_rnn`을 호출하면 `initial_state = nextState`가 된다. `nextState`는 실제로는 `outputs`에 이미 존재하는 정보로서 배치 크기 예제에 대한 O3 모음이다. 예를 들어, 그림 4.8은 배치-크기 3, 윈도우-크기 2 및 rnn-크기 5에 대한 `next_state` 및 `outputs`을 보여 준다. 윈도우 크기가 2인 경우 `outputs` 중의 한 줄은 `next_state` 줄이다. `next_state`를 별도로 포장하는 실제 이유는 다음 절에서 명확해질 것이다.

　　언어 모델의 마지막 부분은 손실 함수이다. 이것은 그림 4.5의 오른쪽 상단에서 계산된다. 여기서 알 수 있듯이 RNN 출력은 먼저 선형 유닛 층을 통해 softmax에 대한 로짓을 얻은 다음, 확률로 인한 엔트로피 손실을 계산한다. 방금 논의한 바와 같이, RNN의 출력은 형태 [batch-size, window-size, rnn-size]를 갖는 3D 텐서이다. 지금까지 우리의 신경망은 2D 텐서가 선형 유닛을 통과하였으며 행렬 곱셈(예, `tf.matmul (inpt, W)`)이 수행되었다.

　　이것을 처리하는 가장 쉬운 방법은 RNN 출력 텐서의 형태를 변경하여 올바른 속성을 가진 행렬로 만드는 것이다.

```
output2 = tf.reshape(output,[batchSz*windowSz, rnnSz])
logits = matmul(output2,W)
```

여기서 $\mathbf{W}$는 RNN의 출력을 가져와서 그림 4.5의 로짓으로 바꾸는 선형 계층($\mathbf{W_o}$)
이다. 우리는 이것을 `tf.nn.sparse_softmax_cross_entropy`로 전달한다. 이
함수는 손실값의 열벡터를 반환한다. 이 열벡터는 `tf.reduce_mean`을 통과하여 단
일값으로 바꾼다. 이 값은 복잡도를 계산하기 위하여 지수승이 될 수 있다.

　　RNN 출력의 형태를 변경하는 것은 `tf.matmul`를 재사용할 수 있게 해줄뿐더
러, 계산상으로도 `sparse_softmax`가 필요로 하는 형태이어서 편리하다. 상황이
다르다면 역방향의 계산에 원래 형태가 필요할 수 있다. 이를 위해 우리는 다차원 텐
서를 처리하는 많은 TF 함수 중 하나를 사용한다. 여기서 우리가 사용할 것은 2.4.2
절에서 다룬 `tensordot()`이다.

```
tf.tensordot(outputs, W, [[2], [0]])
```

이 코드는 `outputs`의 두 번째 요소(0부터 시작)와 `W`의 0번째 요소의 행렬 곱을 계산
한다.

　　RNN 사용에 대한 또 하나의 키포인트가 있다. RNN에 대한 위의 TF 코드와 함
께 제공되는 파이썬 코드에는 다음과 같은 내용이 있다.

```
inputSt = sess.run(initialSt)
for i in range(numExamps)
    ''단어들을 읽고 임베딩을 계산한다.''
    logts, nxts=sess.run([logits,nextState],
                             {{input=wrds, nextState=inputSt})
    inputSt=nxts
```

　　(a) RNN의 상태가 초기화되는 방법, (b) 피드 딕셔너리 `nextState = input-`
`St`를 사용하여 TF에 전달하는 방법, (c) 위의 마지막 줄에서 `inputSt`를 업데이트
하는 방법에 유의하자. 지금까지 `feed_dict`만 사용하여 TF 플레이스홀더에 값을
전달했다. 여기서 `nextState`는 플레이스홀더를 가리키는 것이 아니라 RNN을 시
작하는 첫 번째 상태를 생성하는 코드 조각을 가리킨다. 이것도 허용된다.

4.6 Long Short–Term Memory

LSTM(*long short-term memory*) NN은 마지막 절에 제시된 간단한 RNN보다 성능이 뛰어난 RNN 유형의 신경망이다.

표준 RNN의 목표는 과거의 정보를 기억하고 사용하는 것이지만 실제로는 빨리 잊어버린다. 그림 4.9에서 점선으로 표시된 상자가 단일 RNN 유닛에 해당한다. LSTM의 구조는 상당히 정교하게 되어 있다. 먼저, LSTM은 시간에 따라 역전파하는 구조라는 점에 주목하라. 왼쪽에는 이전 단어를 처리할 때 나오는 정보가 있다(하나가 아닌 두 개의 정보 텐서를 사용한다). 맨 아래에서 다음 단어가 들어온다. 오른쪽에는 다음 유닛에게 전달하기 위하여 두 개의 텐서가 출력된다. 일반 RNN과 마찬가지로 이 정보는 다음 단어를 예측하고 손실을 계산하기 위해 "위로" 올라간다.

LSTM의 목표는 중요한 사건을 기억하고 나머지는 잊도록 훈련함으로써 과거 사건에 대한 RNN의 기억을 향상시키는 것이다. 이를 위해 LSTM은 과거 기억의 두 가지 버전을 통과시킨다. 공식적인 선택 메모리는 맨 위에 있고 다소 지역적인 버전은 맨 아래에 있다. 최상위 메모리 타임라인을 셀 상태(*cell state*)라고 하며 약어 c로 나타낸다. 하단 메모리 라인은 h라고 한다.

그림 4.9는 몇 가지 새로운 연결자 및 활성화 함수를 소개한다. 먼저, 메모리 라인이 다음 시간 유닛으로 전달되기 전에 두 위치에서 수정됨을 알 수 있다. 이것은 곱하기(X) 및 더하기(+)로 표시된다. 주된 아이디어는 과거의 기억이 곱하기 유닛에서 제거되고 더하기 유닛에서 추가된다는 것이다.

왼쪽 하단에 있는 단어 임베딩을 보자. $\mathbf{W}$, $\mathbf{b}$, $\mathbf{S}$로 표시된 바와 같이 선형 유닛 층 다음에 시그모이드 활성화 함수가 이어진다. $\mathbf{W}$, $\mathbf{b}$는 선형 단위를 구성하고, $\mathbf{S}$는 시그모이드 함수이다. 그림 2.7에서 시그모이드 함수를 보았었다. 다음 논의에서 시그모이드 함수가 중요하므로 시그모이드 함수를 복습해 보자. 수학 표기법으로 다음과 같은 연산에 해당한다.

$$\mathbf{h}' = \mathbf{h_t} \cdot \mathbf{e} \tag{4.11}$$
$$\mathbf{f} = S((\mathbf{h}'\mathbf{W_f} + \mathbf{b_f}) \tag{4.12}$$

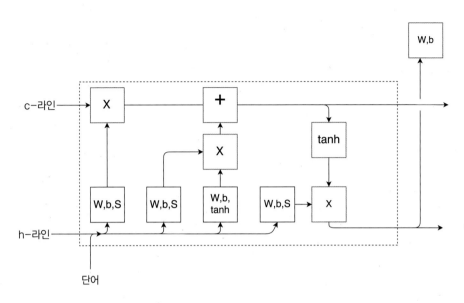

그림 4.9 LSTM의 구조

도트(·)를 사용하여 벡터의 내적을 나타낸다. 반복하기 위해 왼쪽 하단에서 이전 h-라인 $\mathbf{h_t}$와 현재 단어 임베딩 $\mathbf{e}$를 곱하여 h'을 제공한다. 이는 다시 망각 선형 유닛(시그모이드가 뒤따른다)에 주입된다. 이것은 다시 망각 신호 $\mathbf{f}$를 생성하는데 이 신호는 그림의 왼쪽을 따라 올라간다.

그 후, 시그모이드의 출력은 왼쪽 상단에 오는 메모리 c-라인과 요소별로 곱해진다. "요소별"이란, 예를 들면, 하나의 배열의 $x[i, j]$번째 요소는 다른 배열의 $y[i, j]$번째 요소에 곱해지거나 추가되는 등을 의미한다.

$$\mathbf{c'_t} = \mathbf{c_t} \odot \mathbf{f} \tag{4.13}$$

(여기서 "$\odot$"는 요소별 곱셈을 나타낸다.) 시그모이드의 출력은 0.0과 1.0 사이이기 때문에, 곱셈의 결과값은 각 지점에서 줄어들 것이다. 이것은 "망각"에 해당한다. 우리가 신호를 부드럽게 감쇠시키고자 할 때(소프트 게이팅을 원할 때) 곱셈 계층과 시그모이드 함수를 사용하는 것이 일반적이다.

이것을 다음에 만나는 덧셈 장치에서 처리되는 것과 대조하자. 다음 단어 임베딩은 왼쪽 아래에서 왔으며, 이번에는 그림 4.10에 표시된 것과 같이 시그모이드 활성

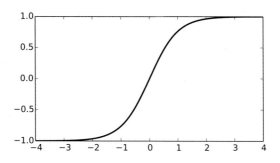

그림 4.10 tanh 함수

화와 tanh 활성화 함수가 있는 두 개의 선형 계층을 통해 분리된다. tanh는 쌍곡 탄젠트(*hyperbolic tangent*)를 나타낸다.

$$\mathbf{a_1} \quad = \quad S(h'\mathbf{W_{a_1}} + \mathbf{b_{a_1}}) \tag{4.14}$$
$$\mathbf{a_2} \quad = \quad \tanh((\mathbf{h_t} \cdot \mathbf{e})\mathbf{W_{a_2}} + \mathbf{b_{a_2}}) \tag{4.15}$$

시그모이드 함수와 달리 tanh는 양수값과 음수값을 모두 출력할 수 있으므로 새로운 값을 생성할 수 있다. 이 함수의 결과는 "+"로 표시된 곳에서 셀 상태에 추가된다.

$$\mathbf{c_{t+1}} = \mathbf{c'_t} \oplus (\mathbf{a_1} \odot \mathbf{a_2}) \tag{4.16}$$

이후 셀 메모리 라인이 분할된다. 하나의 사본이 오른쪽으로 가고, 하나의 사본이 tanh을 통과한 다음 선형 변환과 결합되어 맨 아래에 새로운 h-라인이 된다.

$$\mathbf{h''} = \mathbf{h'}\mathbf{W_h} + b_h \tag{4.17}$$
$$\mathbf{h_{t+1}} = \mathbf{h''} \odot a_2 \tag{4.18}$$

이것은 다음 단어 임베딩과 연결되며 처리 과정이 반복된다. 여기서 강조해야 할 점은, 셀 메모리 라인은 절대 선형 유닛을 통과하지 않는다는 것이다. "×" 유닛에서는 망각되고 "+" 유닛에서 추가되지만 이것이 전부이다. 이것이 LSTM 메커니즘의 핵심 논리이다.

이것을 프로그램으로 작성하려면, 조금만 변경하면 된다.

```
tf.contrib.rnn.BasicRNNCell(rnnSz)
```

위의 문장이 다음과 같은 문장으로 변경된다.

```
tf.contrib.rnn.LSTMCell(rnnSz)
```

이 변경은 하나의 시간 유닛에서 다음 시간 유닛으로 전달되는 상태에 영향을 미친다. 이전에는 그림 4.8과 같이 상태의 모양이 [batchSz, rnnSz]였다. 이제 [2, batchSz, rnnSz]이다. 즉 c-라인에 대한 하나의 [batchSz, rnnSz] 텐서와 h-라인에 대해서 또 하나의 [batchSz, rnnSz] 텐서가 필요하다.

성능 면에서 LSTM 버전은 훈련 시간이 오래 걸리지만 훨씬 우수하다. 마지막 섹션에서 개발한 것과 같은 RNN 모델을 가져와서 충분한 자원(크기 128의 단어-임베딩 벡터, 은닉층 크기 512)을 제공하면 120 정도의 좋은 복잡도를 얻을 수 있다. 추가로 RNN 함수 호출을 LSTM 함수 호출로 변경하면 복잡도가 101로 낮아진다.

4.7 참고문헌과 추가자료

우리가 현재 표준 순방향 언어 모델로 생각하는 NN을 소개한 논문은 Bengio 외 연구자들이 쓴 [BDVJ03]이다. 이 논문에 "단어 임베딩"이라는 용어도 사용되었다. 연속된 공간, 특히 숫자로 구성된 벡터에서 단어를 나타내는 아이디어는 훨씬 이전에 제시되었다. 그러나 우리가 알고 있는 것처럼 단어 임베딩을 NN 언어 모델과 관련하여 소개한 것은 Bengio 논문이다.

논쟁이 될 수 있지만, Mikolov 등이 제안한 단어 임베딩은 NN 자연어 처리의 보편적인 구성 요소가 되었다. 그들은 word2vec라는 이름의 여러 모델을 개발했다. 가장 대표적인 논문은 [MSC+13]이다. word2vec 모델 중 가장 인기 있는 것은 스킵 그램(*skip-gram*) 모델이다. 이 책에서의 임베드는 이전 단어가 주어진 후에 다음 단어를 예측하도록 최적화되었다. 스킵 그램 모델에서 각 단일 단어는 모든 인접 단어를 예측하도록 요구된다. word2vec 모델의 놀라운 결과 중 하나는 단어 유사 문제(*word analogy problem*)를 해결하기 위해 단어 임베딩을 사용하는 것이다. 예를 들어서 남자가 왕이라면 여자는 무엇일까? 예기치 않게 이러한 문제에 대한 답변은 그들이 만든 단어 임베딩에서 나왔다. 단순히 "왕"이라는 단어의 임베딩을 취하고 "남성" 임베딩은 빼고 "여성" 임베딩을 더한 다음, 결과에 가장 가까운 단어를 찾으면 된다. 단어 임베딩 및 그 문제에 대한 훌륭한 블로그는 Sebastian Ruder [Rud16]의 블로그이다.

순환 신경망은 1980년대 중반부터 존재해 왔지만 Sepp Hochreiter와 Jürgen Schmidhuber가 LSTM을 만들 때까지 잘 작동하지 않았다[HS97]. Chris Colah의 블로그는 LSTM에 대한 좋은 설명을 제공한다[Col15]. 그리고 그림 4.9는 그의 다이어그램 중 하나를 재작업한 것이다.

4.8 연습문제

4.1 말뭉치가 "* STOP * I like my cat and my cat likes me. * STOP *"라고 하자. 말뭉치에서 읽을 때 0부터 시작하여 개별 단어에 고유한 정수를 할당한다고 가정하자. 배치 크기가 5인 경우 첫 번째 훈련 배치에서 플레이스홀더 `inpt` 및 `answr`를 채우기 위해 읽어야 하는 값은 무엇일까?

4.2 임베딩 기반 언어 모델을 훈련하기 위하여 모든 $\mathbf{E}$를 0으로 설정할 수 없는 이유를 설명하라. 모든 $\mathbf{E}$를 1로 설정하면 작동될까?

4.3 L2 정규화를 사용하는 경우 실제 총 손실을 계산하는 것이 좋지 않은 이유를 설명하라.

4.4 트라이그램(trigram)으로 완전히 연결된 언어 모델을 만드는 것을 고려하자. 우리 버전에서는 이전의 두 입력에 대한 임베딩을 연결하여 모델 입력을 형성했다. 연결 순서가 모델의 학습 능력에 영향을 미치는가? 설명하라.

4.5 NN 유니그램(unigram) 모델을 고려하자. 이 모델의 복잡도가 균일 분포에서 단어를 선택하는 것보다 나은가? 그 이유는 무엇인가? 유니그램 모델의 최적 성능을 위해 바이그램(bigram) 모델의 어떤 부분이 필요한지 설명하라.

4.6 LGU(linear gated unit)는 LSTM의 변형이다. 그림 4.9를 참조하면 LSTM은

메인 메모리 라인에서 제거되는 것을 제어하는 은닉층과 추가되는 것을 제어하는 은닉층이 있음을 알 수 있다. 이들 2개의 은닉층들은 하위 제어 라인을 입력으로 취하여 0에서 1 사이의 숫자로 구성된 벡터를 생성한다. 이 값들은 다시 메모리 라인과 곱해지거나 더해진다. LGU는 이 2개의 은닉층을 단일 계층으로 대체한다. 출력은 이전과 같이 제어 라인에 의하여 곱해진다. 하지만 이 값을 1에서 뺀 후에 제어 라인에 의하여 곱해지고 다시 메모리 라인에 추가된다. 일반적으로 LGU는 LSTM과 동일하게 동작되며 선형 계층이 하나 더 적으면서 약간 빠르다. 이 직감을 설명하라. LGU의 작동을 나타내도록 그림 4.9를 수정해보자.

CHAPTER 5

시퀀스–시퀀스 학습

| Sequence-to-Sequence Learning |

시퀀스–시퀀스 학습(*sequence-to-sequence learning*, 약칭 **seq2seq**)은 하나의 기호 시퀀스를 다른 기호 시퀀스에 매핑하는 딥러닝 기법이다. 이 기법은 개별 기호만을 가지고는 매핑을 수행할 수 없는 경우에 사용된다. seq2seq의 가장 대표적인 응용 프로그램은 **컴퓨터 번역**(*machine translation*, 약칭 **MT**)이다. 컴퓨터가 프랑스어나 영어 같은 자연어를 다른 언어로 번역하는 것이다.

1990년경부터, 프로그래밍으로 이 매핑을 표현하는 것은 상당히 어려우며, 간접적인 접근이 훨씬 더 효과적이라고 인식되어 왔다. 우리는 컴퓨터에 "정렬된 말뭉치"(번역된 문장 쌍)를 제공하고 컴퓨터는 이것을 가지고 학습하여 스스로 매핑을 찾는 방법이 효과적이다. 바로 딥러닝이 필요한 분야이다. 불행히도, 우리가 자연어 처리를 위해 학습한 딥러닝 기술인 LSTM 자체만으로는 MT에 충분하지 않다.

우리가 이전 장에서 집중했던 언어 모델링은 주로 단어 기반으로 진행되었다. 즉, 우리는 하나의 단어를 입력하여 다음 단어를 예측한다. MT는 이와 같이 작동하지 않는다. 캐나다 한사드(Canadian Hansard)의 예를 보자. 캐나다 한사드는 캐나다 의회 속기록이다. 캐나다의 국회에서 이루어지는 모든 기록은 법에 의해 캐나다에서 사용되는 두 가지 언어인 프랑스어와 영어로 기록되어야 한다. 따라서 우리는 이 데이터를 이용하여 기계 번역 학습을 시킬 수 있다. 예를 들어서 캐나다 한사드의 첫 번째 문장 쌍은 다음과 같다.

edited hansard number 1
hansard révisé numéro 1

영어 사용자가 프랑스어를 배울 때 맨 먼저 배우는 것이 영어에서는 형용사가 명사 앞에 오지만 프랑스어에서는 명사 뒤로 간다는 것이다. 그래서 여기서 "edited"와 "révisé"라는 형용사는 번역할 때 같은 위치에 있지 않다. 따라서 외국어를 번역할 때 는 소스 언어(우리가 번역하려고 하는 언어)에서 목표 언어로 진행하면서 한 번에 한 단어씩 처리할 수는 없다. 물론 이 경우에 **소스 언어**(*source language*) 두 단어를 입 력하고 **목표 언어**(*target languaage*) 두 단어를 출력할 수 있지만, 일반적으로 기계 번역에서는 단어들의 위치 불일치가 훨씬 더 커질 수 있다. 예를 들어서 다음 문장을 살펴보자. 텍스트는 토큰화되었다. 프랑스어의 구두점은 단어로부터 분리되었다.

> this being the day on which parliament was convoked by proclamation
> of his excellency …
> parlement ayant été convoqué pour aujourd' hui , par proclamation
> de son excellence …

프랑스어 문장을 단어 기반으로 번역하면 "parliament having been convoked for today, by proclamation of his excellency"가 된다. 특히 "this being the day"가 "aujourd'hui"로 번역되는 점에 주의하자. (실제로, 번역 쌍에서 영어와 프랑스어 문 장의 길이는 동일하지 않다.) 따라서 하나의 단어 시퀀스를 다른 시퀀스로 바꾸는 시 퀀스–시퀀스 학습이 필요하다.

5.1 Seq2Seq 방법론

그림 5.1은 매우 간단한 seq2seq 모델을 그림으로 나타낸 것이다. "hansard révisé numéro 1"을 "edited hansard number 1"로 변환하는 과정을 시간에 따라 보여 준 다. 이 모델은 두 개의 RNN으로 구성된다. LSTM과 달리 단일 메모리 라인을 가지 는 RNN 모델을 가정한다. `BasicRNNCell`을 사용할 수 있었다. 그러나 더 나은 선 택은 LSTM의 강력한 경쟁자인 **GRU**(*Gated Recurrent Unit*)이다. 이 모델은 시간 유닛 간에 단일 메모리 라인만 존재한다.

이 모델은 2–패스로 작동한다. 각각은 자체 GRU를 가지고 있다. 첫 번째 패스

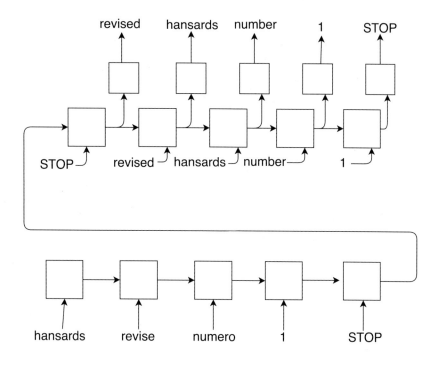

그림 5.1 간단한 시퀀스–시퀀스 학습 모델

는 인코딩 패스(*encoding pass*)라고 하며 그림 5.1의 아래쪽에 표시된다. 하위 GRU 가 마지막 프랑스어 토큰(항상 STOP)을 처리하면 패스가 종료된다. 하위 GRU 상태는 상위 GRU에 전달된다. 첫 번째 패스의 목표는 문장을 요약하는 벡터를 생성하는 것이다. 이것을 단어 임베딩과 비유해서 **문장 임베딩**(*sentence embedding*)이라고 한다.

seq2seq 학습의 후반부를 **디코딩 패스**(*decoding pass*)라고 한다. 그림에서 볼 수 있듯이, 목표 언어(여기서는 영어)를 생성하는 패스이다. 이번에는 각 단어가 입력된 후 다음 영어 단어를 예측하는 것이 목표이다. 손실 함수는 일반적인 교차 엔트로피 손실이다.

인코딩(*encoding*) 및 **디코딩**(*decoding*)이라는 용어는 통신 이론에서 비롯된다. 전송될 신호를 생성하기 위해 메시지를 인코딩한 다음, 수신된 신호에서 다시 디코딩

해야 한다. 통신에 잡음이 있는 경우 수신된 신호가 전송된 신호와 반드시 같지는 않다. 예를 들어 원래 메시지가 영어이고 이것을 프랑스어로 변환했다고 상상해 보자. 수신한 프랑스어를 다시 영어로 번역하는 과정이 "디코딩"이다.

디코딩 패스의 첫 번째 입력 단어는 패딩 워드 STOP이다. STOP은 출력할 마지막 단어이기도 하다. 실제 프랑스어-영어 MT 모델을 사용해야 한다면, 시스템은 영어를 가지고 있지 않을 것이다. 그러나, 이경우에도 우리는 STOP으로 처리를 시작한다고 가정할 수 있다. 그런 다음 각 후속 단어를 생성하기 위해 LSTM에 이전 예측 단어를 제공한다. LSTM이 다음 단어가 다시 STOP이어야 한다고 예측하면 처리를 중지한다. 당연히 테스트할 때도 이런 식으로 작업해야 한다. 우리는 영어를 알고 있지만, 병가를 위해서만 이것을 사용한다. 이것은 실제 번역에서 이전에 번역된 단어를 기반으로 다음 번역 단어를 예측한다는 것을 의미하며, **이전에 번역된 단어가 잘못되었을 수 있다.** 만약 이전 단어 번역이 잘못되었다면 다음 단어가 잘못될 가능성이 크게 높아진다.

이 장에서 우리는 정확한 이전 단어가 주어진 상황에서 다음 영어 단어를 예측하는 프로그램의 능력만을 평가한다. 물론 실제 MT에는 특정 프랑스어 문장에 대한 정확한 영어 번역이 하나만 있는 것은 아니므로, 프로그램이 정확한 단어를 예측하지 못한다고 해서 이것이 잘못되었다고 볼 수는 없다. 객관적으로 MT를 평가하는 것도 중요한 주제이지만 여기서는 다루지 않는다.

NN MT 프로그램을 작성하기 전에 마지막으로 해야 할 일이 있다. 그림 5.1에 시간-역전파(back-prop-though-time) 모델이 그려져 있다. 아래 행의 모든 RNN 장치는 실제로 동일한 순환 유닛이고 시간만 달라진다. 위쪽 행의 유닛도 유사하다. 시간-역전파 모델에는 윈도우 크기를 나타내는 하이퍼 매개변수가 있다. MT에서는 한번에 전체 문장을 처리하고 싶겠지만, 문장의 크기는 다양하다. (Penn Treebank에서는 한 단어에서 150단어까지 다양하다.) 여기서는 프랑스어와 영어가 모두 12단어 미만인 문장만 처리하거나, STOP을 포함하여 13단어만이라고 가정하여 프로그램을 단순화한다. 우리는 STOP을 추가하여 각 문장 길이를 13으로 통일한다. 따라서 프로그램은 모든 문장의 길이가 13단어라고 가정할 수 있다. 우리가 MT에 대한 논의를 시작했던 짧은 프랑스어–영어 문장을 생각해 보자. 영어 문장 "edited hansard number 1"과 프랑스어 문장 "hansard révisé numéro 1"이다. STOP을 추가한 프랑스어 문장은 다음과 같다.

> hansard révisé numéro 1 STOP STOP STOP STOP STOP STOP STOP STOP STOP

대응되는 영어 문장은 다음과 같다.

> STOP edited hansard number 1 STOP STOP STOP STOP STOP STOP STOP STOP

5.2   Seq2Seq MT 프로그램 작성하기

4장에서 다루었던 RNN 모델을 약간 변형하여 시작하겠다. 지금까지 우리는 바람직한 소프트웨어 엔지니어링 관행에 많은 관심을 기울이지 않았다. 그러나 여기서는 약간의 관심을 가져야 한다. 우리는 거의 동일한 두 개의 RNN 모델을 생성하므로 `tf.variable_scope`를 소개한다. 그림 5.2는 간단한 seq2seq 모델에서 필요한 두 개의 RNN 생성 코드를 보여 준다.

우리는 코드를 두 부분으로 나눈다. 첫 번째 부분은 인코딩 RNN을 생성하고 두 번째는 디코딩 RNN을 생성한다. 각 부분은 TF `variable_scope`로 감싸져 있다. 이 함수는 범위의 이름으로 사용할 문자열을 인수로 받는다. `variable_scope`의 목적은 변수 이름 충돌을 피하기 위하여 문장들을 패키지화하는 것이다. 예를 들어, 상단 및 하단 세그먼트를 동일한 범위에 두면 동일한 변수 이름 `cell`을 사용하고 있기 때문에 충돌 때문에 올바르게 동작되지 않는다.

그러나 각 변수마다 고유한 이름을 지정했더라도 이 코드는 여전히 제대로 작동하지 않았을 것이다. 왜냐하면 `dynamic_rnn()`이 TF 그래프에 삽입할 객체를 생성할 때 항상 동일한 이름을 사용하여 가리킨다. 두 호출을 별도의 범위에 두지 않는 한, 오류 메시지가 표시된다.

```
1  with tf.variable_scope("enc"):
2    F = tf.Variable(tf.random_normal((vfSz,embedSz),stddev=.1))
3    embs = tf.nn.embedding_lookup(F, encIn)
4    embs = tf.nn.dropout(embs, keepPrb)
5    cell = tf.contrib.rnn.GRUCell(rnnSz)
6    initState = cell.zero_state(bSz, tf.float32)
7    encOut, encState = tf.nn.dynamic_rnn(cell, embs,
8                                         initial_state=initState)
9
10 with tf.variable_scope("dec"):
11   E = tf.Variable(tf.random_normal((veSz,embedSz),stddev=.1))
12   embs = tf.nn.embedding_lookup(E, decIn)
13   embs = tf.nn.dropout(embs, keepPrb)
14   cell = tf.contrib.rnn.GRUCell(rnnSz)
15   decOut,_ = tf.nn.dynamic_rnn(cell, embs, initial_state=encState)
```

그림 5.2 MT 모델에서 두 개의 RNN을 위한 TF

각 변수의 범위 안에 들어 있는 코드를 분석해 보자. 인코더의 경우 먼저 프랑스 어 단어 임베딩을 위한 공간 F를 만든다. 우리는 encIn 플레이스홀더를 가정한다. 이것은 프랑스어 단어 인덱스의 텐서이고 형태는 (배치 크기 × 윈도우 크기)이다. lookup 함수는 (배치 크기 × 윈도우 크기 × 임베딩 크기)의 3D 텐서를 반환한다 (3행). 이어서 연결 확률을 keepProb로 설정하는 드롭아웃을 적용한다. 그런 다음 LSTM의 GRU 변형을 사용하여 RNN cell을 생성한다. 7행은 RNN cell을 사용하 여 출력을 생성하고 다음 상태도 생성한다.

두 번째 GRU는 첫 번째와 동일하다. 다만 dynamic_rnn을 호출할 때, 인수가 0값을 가지는 초기 상태가 아니라 인코더 RNN의 상태 출력을 취한다는 점만 달라진 다. 이것은 15행의 state = encState 때문이다. 다시 한 번 그림 5.1을 참조하면 디코더 RNN의 단어 출력이 순차적으로 선형 계층으로 공급된다. 그림에는 표시되 지 않지만 독자는 선형 계층의 출력(로짓)이 손실 계산에 공급된다고 상상해야 한다. 코드는 그림 5.3과 유사하다. 여기서 새로운 점은 로짓이 3D 텐서인 경우, 교차 엔트 로피 손실의 특수 버전인 seq2seq_loss가 호출된다는 점이다. seq2seq_loss는

```
W = tf.Variable(tf.random_normal([rnnSz,veSz],stddev=.1))
b = tf.Variable(tf.random_normal([veSz,stddev=.1]))
logits = tf.tensordot(decOut,W,axes=[[2],[0]])+b
loss = tf.contrib.seq2seq.sequence_loss(logits, ans,
                                        tf.ones([bSz, wSz]))
```

그림 5.3 seq2seq 디코더를 위한 TF

3개의 인수를 취한다. 첫 번째와 두 번째는 정답이 저장된 2D 텐서(배치 크기 × 윈도우 크기)이다. 세 번째 인수는 가중치를 나타낸다. 일부 오차가 다른 오차보다 총 손실에 더 많이 영향을 미치는 상황이 있을 수 있기 때문이다. 우리의 경우 모든 오차가 똑같이 계산되기를 원하므로 세 번째 인수는 모든 가중치 값이 1인 텐서가 된다.

앞에서 언급했듯이 그림 5.1에서 seq2seq 모델의 전체 아이디어는 인코딩 패스가 GRU를 통해 프랑스어를 전달한 다음 최종 GRU 상태 출력을 요약으로 사용하여 프랑스어 문장의 "요약"을 생성한다는 것이다. 그러나 이러한 문장 요약을 작성하는 데에는 여러 가지 다른 방법이 있으며, 상당한 연구가 진행되었다. 그림 5.4는 약간 더 우수한 두 번째 모델을 보여 준다. 구현 상의 차이는 작다. 인코더 최종 상태를 시작 상태로 디코더에 전달하기보다는 모든 인코더 상태의 합을 취한다. 모든 프랑스어와 영어 문장을 길이가 13으로 제한하였으므로 13개 상태를 모두 합하여 합산한다는 의미이다. 이 합계가 하나의 최종 벡터보다 더 유익하다는 것이다. 실제로도 그럴 것 같다.

저자는 합계보다는 상태 벡터의 평균을 취하기로 하였다. 1장의 순방향 계산으로 돌아가 보면, 합계가 아닌 평균을 계산하여도 최종 확률에 차이가 없다는 것을 기억할 것이다. 이것은 softmax가 곱해지는 값의 차이를 없앨 것이고, 평균을 취한다는 것은 값을 윈도우 크기 (13)로 나누는 것을 의미하기 때문이다. 또한, 매개변수 기울기의 방향도 변하지 않는다. 변경되는 것은 매개변수 값의 크기이다. 현재 상황에서 합계를 취하는 것은 학습률에 13을 곱하는 것과 같다. 일반적으로 이러한 상황에서는 매개변수 값을 0에 가깝게 유지하고 학습 속도를 직접 수정하는 것이 좋다.

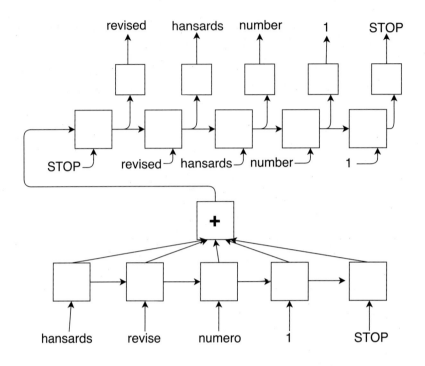

그림 5.4 덧셈을 이용한 Seq2seq 문장 요약

5.3 Seq2Seq에서 강조 메커니즘

seq2seq 모델에서 강조("*attention*") 개념은 일반적으로 문장을 번역하기 전에 전체 문장을 이해해야 한다는 생각에서 비롯된다. 일반적으로 번역할 때는 소스 문장의 일부가 다른 부분보다 더 중요하다는 생각이다. 특히, 흔히 처음 몇 개의 프랑스어 단어는 처음 몇 개의 영어 단어로 번역되고, 중간의 프랑스어 단어들은 영어 문장의 중간 부분으로 번역된다. 특히 영어와 프랑스어의 경우가 매우 유사한 것이 사실이지만, 명백한 공통점이 없는 언어도 이 속성을 가진다. 그 이유는 다음과 같다. 모든 언어에서 우리가 새로운 것을 말할 때(이것은 일반적으로 대화나 글에서 일어나는 것이다), 우리는 먼저 "주어진 것"을 먼저 언급하고 새로운 것을 나중에 언급한다. 따라서 Jack에 대하여 이야기할 때는 "Jack ate a cookie."라고 말할 수 있지만, 쿠키에 대해

이야기하는 경우에는 "One of the cookies was eaten by Jack."이라고 할 수 있다.

그림 5.5는 그림 5.4의 seq2seq 합산 메커니즘에 대한 작은 변형을 보여 준다. 여기서 프랑스어 요약과 함께 영어 단어 임베딩이 각 윈도우 위치에서 디코더 셀로 공급된다. 이는 영어 단어만 입력되는 그림 5.4와 대조적이다. 이 모델은 영어 문장의 모든 부분에서 작업할 때 인코더의 모든 상태에 동일한 강조를 준다고 볼 수 있다. 강조 모델에서 우리는 디코더 RNN에 전달되기 전에 각각의 상태가 다른 비율로 함께 혼합되도록 이것을 수정한다. 우리는 이것을 **위치 강조**(*position-only-attention*)라고 부른다. 진정한 강조 모델은 더욱 복잡하지만 우리는 이것을 **추가자료**에 남겨 둔다.

그래서 우리는 i 위치의 영어 단어가 j 위치의 프랑스어 인코딩 상태에만 의존하는 강조 메커니즘을 만들 것이다. 일반적으로 i와 j가 가까울수록 강조값이 높아진다. 그림 5.6은 인코더(프랑스어) 윈도우 크기가 4이고 디코더 윈도우 크기가 3인 모

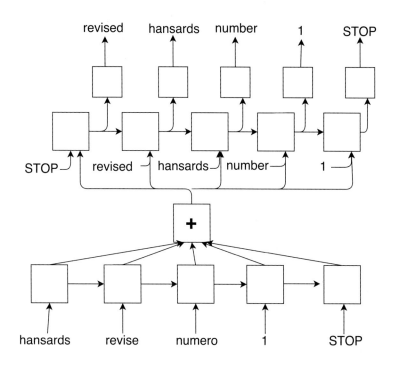

그림 5.5 인코더 요약이 각 디코더 윈도우 위치로 직접 공급되는 Seq2seq

$$
\begin{array}{ccc}
1/2 & 1/6 & 1/6 \\
1/6 & 1/3 & 1/6 \\
1/6 & 1/3 & 1/3 \\
1/6 & 1/6 & 1/3
\end{array}
$$

그림 5.6 해당 프랑스어/영어 위치에 가중치를 부여할 수 있는 가중치 매트릭스

델에 대한 가상 가중치 행렬을 제공한다. 지금까지 두 윈도우 크기를 모두 13으로 가정했지만 동일해야 할 이유는 없다. 또한 프랑스어는 해당 영어 번역보다 약 10% 더 많은 단어를 가지고 있기 때문에 프랑스어에는 약간 큰 윈도우 크기, 영어에는 약간 작은 윈도우 크기를 사용하는 것도 논리적이다. 또한 행렬을 비대칭으로 만들면 영어 단어 위치를 나타내는 숫자와 프랑스이 단어 위치를 나타내는 숫자를 올바르게 매칭시킬 수 있다.

여기서 $W[i, j]$는 j번째 영어 단어를 예측하는 데 사용되는 i번째 프랑스어 상태에 주어진 가중치이다. 따라서 영어 단어의 총 가중치는 열의 합계로서 1.0이다. 예를 들어, 첫 번째 열은 첫 번째 영어 단어의 가중치를 나타낸다. 첫 번째 열을 살펴보면 첫 번째 프랑스어 상태는 전체 강조의 절반(가정된 윈도우 크기 4)을 받으며 나머지 3개의 프랑스어 상태는 모두 동일한 가중치를 가진다. 실제 프로그램에서 그림 5.6의 $13 * 13$ 버전은 TF 상수라고 가정한다.

이제 $13 * 13$ 가중치 행렬이 주어졌다고 하자. 어떻게 우리는 이것을 사용하여 특정 영어 출력에 대한 강조를 변화시킬 수 있을까? 그림 5.7은 배치 크기가 2, 윈도우 크기가 3, RNN 크기가 4인 상황에 대한 텐서 흐름 및 샘플 수치 계산을 보여 준다. 맨 위에 가상 인코더 출력 encOut이 표시된다. 배치 크기는 2이고 작업을 단순화하기 위해 두 배치를 동일하게 만들었다. 각 배치에는 길이가 4인 3개의 벡터가 있으며, 이들 벡터는 각각 해당 윈도우 위치에서 RNN 출력을 나타내는 길이 4(RNN 크기) 벡터이다. 예를 들어 배치 0에서 첫 번째 상태 벡터는 (1, 1, 1, 1)이다.

다음으로 크기 $3 * 3$(윈도우 크기)의 가중치 벡터 wAdjust가 있다. 이것은 영어 단어 위치에 대한 프랑스어 상태 위치이다. 따라서 첫 번째 열에는 첫 번째 영어 단

```
eo= ( ((  1, 2, 3, 4),
        (  1, 1, 1, 1),
        (  1, 1, 1, 1),
        ( -1, 0,-1, 0)),
      ((  1, 2, 3, 4),
        (  1, 1, 1, 1),
        (  1, 1, 1, 1),
        ( -1, 0,-1, 0)) )
encOut=tf.constant(eo, tf.float32)

AT = (  ( .6, .25, .25 ),
        ( .2, .25, .25 ),
        ( .1, .25, .25 ),
        ( .1, .25, .25 )  )
wAT = tf.constant(AT, tf.float32)

encAT = tf.tensordot(encOut,wAT,[[1],[0]])
sess= tf.Session()

print sess.run(encAT)
'''[[[ 0.80000001  0.5         0.5        ]
    [ 1.50000012  1.          1.         ]
    [ 2.          1.          1.         ]
    [ 2.70000005  1.5         1.5        ]]
    ...] '''

decAT = tf.transpose(encAT,[0, 2, 1])
print sess.run(decAT)
'''[[[ 0.80000001  1.50000012  2.          2.70000005]
    [ 0.5         1.          1.          1.5        ]
    [ 0.5         1.          1.          1.5        ]]
    ...]'''
```

그림 5.7 bSz = 2, wSz = 3, rnnSz = 4를 사용한 간단한 강조 계산

어에 주어지는 상태 벡터는 첫 번째 프랑스어 상태 벡터 60%, 다른 2개의 RNN 상태 벡터가 20%씩으로 이루어진다. 각 영어 단어의 가중치 합계는 항상 100%가 되어야 한다.

다음으로 가중치가 없는 인코더 상태를 받아서 각 영어 단어에 가중치가 곱해진 버전을 생성할 수 있게 하는 3개의 TF 명령문이 나온다. 먼저 인코더 출력 텐

서를 [bSz, wSz, rnnSz]에서 [bSz, rnnSz, wSz]로 재배열한다. 이것은 tf.transpose 명령으로 수행된다. 전치 명령은 두 개의 인수, 즉 텐서와 수행될 전치를 지정하는 정수로 구성된 리스트를 사용한다. 여기에서 우리는 [0, 2, 1]로 지정하였다. ― 0차원은 변경이 없다. 그러나 "2"에 의하여 차원 2가 차원 1이 된다. 또, "1"에 의하여 차원 1이 차원 2가 된다. print_sess.run(encOT)을 실행하면 전치 변환의 결과를 볼 수 있다.

전치 변환을 하면 다음 단계(tensordot)에서 행렬 곱셈을 쉽게 수행할 수 있다. 실제로 배치 크기가 없으면, [rnnSz, wSz] * [wSz, wSz] 형태의 텐서를 곱하고 표준 행렬 곱셈(matmul)을 사용할 수 있다. 배치 크기가 추가되면 우리는 다음과 같은 문장을 사용하는 것이 편하다.

```
decIT = tf.tensordot(encOT,wAdjust,[[2],[0]])
```

마지막으로 인코더 출력 상태를 원래 형태로 되돌리기 위해 위에서 수행한 전치 연산의 역연산을 한다.

그림 5.7 하단의 최종 결과를 그림 상단의 가상 인코더 출력과 비교해 보자. 열 (0.6, 0.2, 0.2)는 첫 번째 영어 단어에 60% 가중치를 가지는 첫 번째 상태 벡터([1, 2, 3, 4])를 전달한다. 따라서 왼쪽에서 오른쪽으로 갈수록 결과 상태가 증가할 것으로 예상한다(0.6, 1.4, 1.8, 2.6). 모두 1로 구성된 두 번째 상태는 많은 영향을 미치지 않는다(각 위치에 0.2를 추가한다). 그러나 마지막 상태 (0, −1, 0, −1)은 결과 상태에 상하 패턴을 만든다. 상태 벡터의 요소는 모두 증가하지만, 첫 번째 및 세 번째 요소의 증가는 두 번째 증가보다 크다(0.6, 1.4, 1.8, 2.6).

우리가 가중치가 적용된 인코더 상태를 갖게 되면, 우리는 이것과 영어 단어 임베딩을 합친다. 이것으로 간단한 강조 MT 시스템이 완성되었다. 그러나 이 예제를 마치기 위해서는 중요한 한 가지가 더 있다. 우리는 13 * 13 크기의 강조 배열을 상수가 아닌 TF 변수로 만들어 프로그램이 강조 가중치를 학습하게 할 수 있다. 이 아이디어는 3장에서 NN이 컨볼루션 커널을 배우게 했을 때와 비슷하다. 그림 5.8은 이러한 방식으로 학습된 가중치 중 일부를 보여 준다. 굵은 숫자는 행에서 가장 높은 숫자이

-6.3	**1.3**	.37	.13	.06	.04	.11	.10	.02
-.66	-..44	**.64**	.26	.16	.02	.03	.04	.06
-.38	-.47	-.04	**.63**	.18	.10	.07	.06	.12
-.30	-.44	-.35	-.15	**.48**	.24	.06	.13	0
-.02	-.16	-.35	-.37	-.23	.12	**.32**	.22	11
.05	-.11	-.11	-.35	-04	-.22	.05	**.26**	.24
.10	.02	-.04	-.23	-.32	-33	-.25	-.01	**.28**
0	.03	.01	-.18	-.21	-.26	-.30	-.1.1	-.17

그림 5.8 13 * 13 강조 가중치 행렬의 8 * 9 왼쪽 상단 모서리

다. 영어의 시작, 중간 또는 끝 부분의 번역은 일반적으로 프랑스어의 시작, 중간 또는 끝 부분에 가장 주의를 기울여야 한다는 것을 의미한다.

5.4 다중 길이 Seq2Seq

이전 절에서 우리는 두 문장이 모두 12단어 이하인 예제로 번역 쌍을 제한했다 (STOP 패딩을 포함하면 13). 실제 MT에서는 이러한 제한이 허용되지 않는다. 실제 MT에서는 65 크기의 윈도우를 가짐으로써, 거의 모든 문장을 번역할 수 있도록 한다. 이 경우에는 짧은 문장이라면 40 또는 50개의 STOP으로 채워질 것이다. 이것은 상당한 낭비이므로, NN MT 커뮤니티에서 채택된 솔루션은 다양한 윈도우 길이를 가진 모델을 만드는 것이다. 이제 이것이 어떻게 작동하는지 살펴보자.

그림 5.2의 5~8행을 다시 고려해 보자. 현재 관점에서 볼 때 인코더 RNN 설정을 주로 담당하는 두 개의 TF 명령문 중 어느 것도 윈도우 크기를 언급하지는 않는다. GRU를 만들 때는 RNN 크기를 알아야 한다. RNN을 생성할 때 GRU 변수를 위한 공간을 할당해야 하기 때문이다. 그러나 윈도우 크기는 여기에 들어가지 않는다. 반면에, `dynamic_rnn`은 윈도우 크기를 알아야 한다. 시간에 따라 역전파를 다시 실행하는 TF 조각을 생성하기 때문이다. `dynamic_rnn`은 [bSz, wSz, embedSz] 크기의 변수 `embd`를 통해 정보를 얻는다.

따라서 두 개의 다른 윈도우 크기 조합을 사용하기로 결정했다고 가정해 보자. 첫

번째 문장 그룹은 프랑스어가 14단어 이하이고 영어가 12단어 이하인 문장들을 모은다. 두 번째 문장 그룹은 윈도우 크기를 28과 24로 제한하는 그룹이다. 만약 프랑스어가 28보다 크거나 영어가 24보다 크면 예제를 학습에서 제외한다. 프랑스어 또는 영어, 어느 한 쪽이 14와 12보다 크지만 28과 24보다 작으면 큰 그룹에 이들을 넣는다. 그런 다음, 다음과 같이 두 dynamic_rnn 모두에 사용할 하나의 GRU를 생성한다.

```
cell = tf.contrib.rnn.GRUCell(rnnSz)
encOutSmall, encStateS = tf.nn.dynamic_rnn(cell, smallerEmbs, ...)
encOutLarge, encStateL= tf.nn.dynamic_rnn(cell, largerEmbs, ...)
```

윈도우의 크기에 따라 2개(또는 5개 또는 6개)의 dynamic_rnn이 있지만 모두 동일한 GRU 셀을 공유하므로, 이들은 프랑스어에 대한 동일한 지식을 학습하고 공유한다. 비슷한 방식으로 우리는 하나의 영어 GRU 셀을 만들 수 있다.

5.5 프로그래밍 예제

이 장은 MT에서 사용되는 NN 기술에 중점을 두었으므로 여기서는 번역 프로그램을 구축하기 위해 노력한다. 불행히도, 현재의 딥러닝 기술에서도 이것은 매우 어렵다. 최근의 진전이 인상적이었지만 좋은 결과를 내려면 약 10억 건의 훈련 예제와 며칠의 훈련 시간이 필요하다. 이것은 좋은 학생 과제물은 아니다.

하지만 우리는 약 백만 건의 훈련 예제를 사용할 수 있다. Canadian Hansard의 텍스트 중에서 두 언어의 문장이 모두 12단어 이하인 프랑스어/영어 훈련 예제로 제한되었다(STOP 패딩을 포함하면 13). 우리는 하이퍼 매개변수를 비교적 작은 크기로 설정했다. 임베딩 크기 30, RNN 크기 64, 그리고 하나의 에포크만 학습시킨다. 학습률은 0.005로 설정했다.

앞서 언급했듯이 MT 프로그램을 평가하는 것은 어렵고 수작업으로 번역을 평가하는 것도 어렵다. 우리는 간단한 기법을 사용한다. 우리는 첫 번째 STOP에 도달할 때까지 영어 번역을 처리한다. 우리가 번역한 영어 문장과 Hansard의 영문을 비교하여 같은 위치에 있는 단어가 동일한 경우 기계 생성 단어는 올바른 것으로 간주된다. 즉, 우리는 첫 번째 STOP 후에 점수 매기는 것을 중단한다. 예를 들어,

the	law	is	very	clear	.	STOP
the	*UNK*	is	a	clear	.	STOP

7개의 단어 중 5개는 정확한 것으로 계산된다. 마지막으로 우리는 총 정답 수를 개발 집합 안의 영어 문장의 모든 단어 수로 나눈다.

이 측정 항목을 사용하면 저자의 구현이 한 번의 에포크 후 테스트 세트에서 59%의 정확도를 얻었다(두 번째 에포크 후는 65%, 세 번째 에포크 후는 67%). 이것이 좋은지 나쁜지는 우리의 기대에 따라 달라진다. 10억 건의 훈련 예제가 필요하다는 앞의 의견을 감안할 때, 기대치는 낮았을 것이다. 확실히 우리의 결과는 낮았다. 그러나 생성된 번역 결과를 조사해 보면 59%조차 너무 낙관적이었다. 배치 크기 32를 사용하여 400번째 배치마다 첫 번째 문장을 출력하는 프로그램을 실행했다. 올바르게 번역된 두 가지 학습 예는 다음과 같다.

```
Epoch 0 Batch 6401 Cor: 0.432627
* * *
* * *
* * *


Epoch 0 Batch 6801 Cor: 0.438996
le très hon. jean chrétien
right hon. jean chrétien
right hon. jean chrétien
```

여기서 "* * *"는 의회 속기록 편집자에 의하여 추가된 것이다. 351,846개의 행 중 14,410개의 행이 이 표시로만 구성된다. 첫 번째 에포크에서 이 시점까지(거의 절반에 해당한다), 프로그램은 의심할 여지 없이 해당 "영어"를 중요하게 기억했다. 비슷한 맥락에서 다음 발언자의 이름은 항상 Hansard에 추가된다. Jean Chrétien은 이 Hansard에서 캐나다 총리였으며 64번이나 등장한다. 이 프랑스어 문장의 번역도 기억되었다. 실제로, 올바른 번역 중에서 기억되지 않는 것이 있는지 질문할 수 있다. 물론 전부 기억되는 것은 아니다. 하지만 그렇게 많지는 않다. 다음은 22,000개의 테

스트 집합 중 마지막 6개에 대한 번역 결과이다.

> 19154 the problem is very serious .
> 21191 hon. george s. baker :
> 21404 mr. bernard bigras (rosemont , bq) moved :
> 21437 mr. bernard bigras (rosemont , bq) moved :
> 21741 he is correct .
> 21744 we will support the bill .

이것들은 해당 단어에 대하여 이중 강조를 사용하였고 RNN 크기 64, 학습률 0.005 및 한 번의 에포크로 학습시킨 후의 실행 결과이다. 앞에서 설명한 정확도 지표로는 68.6%이다. 우리는 학습된 문장은 아니지만 올바르게 번역한 테스트 예제를 출력하였다.

　문장의 단어 사이에서 상태가 어떻게 변경되는지가 흥미롭고 유용하다. 특히, 첫 번째 seq2seq 모델은 영어 디코더에 미리 알려 주기 위하여 인코더 최종 상태를 사용하였다. 우리는 원래 프랑스어의 길이(최대 12단어)에 관계없이 단어 13에서 상태를 취했으므로 원래 프랑스어가 5단어인 경우 8번의 STOP 후이므로 상태가 많은 것을 잃지 않은 것으로 가정했다. 이를 테스트하기 위해 인코더가 생성한 13개의 상태를 살펴보고 각 상태에 대해 상태 간의 코사인 유사성을 계산했다. 다음은 세 번째 에포크에서 처리되는 학습 문장이다.

> English: that has already been dealt with .
> Translation: it is a . a . .
> French word indices:[18, 528, 65, 6476, 41, 0, 0, 0, 0, 0, 0, 0, 0]
> State similarity: .078 .57 .77 .70 .90 1 1 1 1 1 1 1 1

먼저 끔찍한 품질의 "번역"을 발견할 수 있다(8개 중에서 2개만 정확, 즉 ". "와 STOP). 그러나 상태의 유사성은 합리적으로 보인다. 특히, 5번째 프랑스어 단어 이후로 문장의 끝에 도달하면 모든 상태의 유사점은 1.0이므로 패딩으로 인해 상태가 전혀 바뀌지 않았다.

　가장 유사하지 않은 상태는 첫 번째 상태이다. 이후 유사성은 거의 단조 증가한다. 다시 말해, 문장의 단어들을 처리할 때, 보존할 가치가 있는 과거 정보가 더 많기 때문에, 기존 상태가 더 많이 남아, 다음 상태를 현재 상태와 비슷하게 만든다.

5.6 참고문헌 및 추가자료

1980년대에 Fred Jelinek가 이끄는 IBM 그룹은 기계가 통계 규칙을 이용하여 기계 번역을 학습하도록 하는 기계 번역 프로젝트를 시작했다. 통계 규칙은 베이즈 기계 학습에서 나온 것이며 이 장에서의 데이터는 캐나다 한사드 말뭉치 [BCP⁺88]에서 나왔다. 이 접근법은 몇 년 동안 조롱을 받다가 지배적인 접근법이 되었으며 최근까지도 계속 유지되고 있다. 최근에는 딥러닝 접근 방식이 빠르게 인기를 얻고 있으며 모든 상용 MT 시스템이 NN에 기반을 두는 것은 시간문제이다. NN 접근법의 초기 예는 Kalchbrenner와 Blunsom [KB13]의 것이다.

seq2seq 모델에서의 정렬(alignment)은 Dzmitry Bahdanau et al. [BCB14]에서 참조한 것이다. 이 그룹은 신경망 기계 번역(neural machine translation) 기법을 채택한 첫 번째 연구 그룹이다. 이 장의 위치 기반 "강조" 모델에서는 프랑스어와 영어 단어의 위치에 대한 숫자값만 제공된다. [BCB14] 모델에서는 프랑스어 및 영어 위치에서의 LSTM 상태에 대한 정보도 제공된다.

이 책이 출판사에 전달되는 시기에 온라인 MT 튜토리얼이 Thad Luong et al.에 의해 제공되었다[TL]. 이전 구글 seq2seq/MT 튜토리얼은 교육학적 목적에는 그리 좋지 않았다. ("10만 갤런의 우유와 백만 개의 계란을 섞어 …" 식으로 팬케이크 만드는 방법을 가르치는 요리책을 상상해 보라.) 하지만 신경경을 이용한 MT와 seq2seq에 대해서는 잘 설명하고 있다.

MT 외에 seq2seq 모델이 시도되는 다른 많은 작업이 있다. 특히 활발한 분야 중 하나가 **챗봇**(*chatbot*)이다. 챗봇은 인간과 대화를 시도하는 프로그램이다. 홈 어시스턴트도 이 분야 중의 하나이다(예, Amazon의 Alexa). 온라인 챗봇 잡지와 "채팅 봇이 마케팅의 미래인 이유"라는 제목의 기사도 있다. 이 주제에 대한 프로젝트는 Suryadeepan Ram [Ram17]의 게시물에 잘 설명되어 있다.

5.7 연습문제

5.1 MT 프로그램에 다중 길이 seq2seq를 사용하고 있다. 우리는 2개의 문장 길이를 사용하기로 결정하였다. 첫 번째 문장 길이는 영어 최대 7단어(및 STOP), 프랑스어 10단어, 두 번째 문장 길이는 영어 10단어, 프랑스어 13단어까지 허용된다. 프랑스어 문장이 "A B C D E F"이고 영어가 "M N O P Q R S T"인 경우 입력은 어떻게 되는가?

5.2 5.3절에서 간단하게 "강조" 메커니즘을 설명하였다. 프랑스어와 영어에서 위치 강조만을 사용하였다. 보다 복잡한 버전은 우리가 작업 중인 영어 위치에 대한 입력 상태 벡터와 이 상태의 영향을 받아서 만들어지는 다음 상태 벡터에 기반을 둔다. 이 경우, 보다 정교한 판단이 가능하지만 모델을 상당히 복잡하게 만들어야 한다. 특히, 우리는 디코더에 대하여 표준 TF 순환 신경망 역전파를 더 이상 사용할 수 없다. 이유를 설명하라.

5.3 소스 언어를 seq2seq 인코더에 역순으로 공급하면 MT 성능이 약간이지만 일정하게 향상되는 경우가 종종 있다. 이것이 왜 그런지 설명하라.

5.4 원칙적으로, 우리는 seq2seq 모델에서 두 개의 손실 함수를 만들 수 있다. 하나는 확률 1로 다음 목표 단어를 예측하지 않아 발생하는 현재 MT 손실이다. 두 번째는 인코더에서 다음 소스 단어를 예측하도록 요청하는 손실일 수 있다. (a) 이것이 성능을 저하시키는 이유에 대한 논리적인 설명을 하라. (b) 이것이 성과를 향상시키는 이유에 대한 논리적인 설명을 하라.

CHAPTER 6

심층 강화 학습

| Deep Reinforcement Learning |

강화 학습(*reinforcement learning*, 약칭 **RL**)은 보상(*reward*)을 극대화하기 위해 에이전트(*agent*)가 환경(*environment*)에서 어떻게 행동해야 하는지를 배우는 기계 학습의 한 분야이다. 당연히 심층 강화 학습은 학습 방법을 딥러닝으로 제한한다.

수학적으로 환경은 **MDP**(*Markov decision process*)로 정의된다. MDP는 다음과 같은 요소들로 구성된다.

- 에이전트가 있을 수 있는 상태 s(예, 지도 상에서의 위치)($s \in S$, S는 상태 집합)
- 액션(action) a($a \in A$, A는 액션 집합)
- 에이전트를 한 상태에서 다른 상태로 변경하는 함수 $T(s, a, s') = \mathrm{Pr}(S_{t+1} = s' \mid S_t = s, A = a)$, 이것은 확률로 정의된다.
- (현재 상태 s, 액션 a, 다음 상태 s')를 받아서 실수를 출력하는 보상 함수 $R(s, a, s')$
- 할인율 $\gamma \in [0, 1]$(곧 설명될 것임)

일반적으로 액션은 확률적이므로 T는 특정 상태에서 액션을 수행하여 발생 가능한 결과 상태에 대한 확률 분포를 지정한다. 이러한 모델이 MDP라고 불리는 이유는 이들이 **마코프 가정**(*Markov assumption*)을 하기 때문이다. 마코프 가정이란, 현재 상태를 알면, 현재 상태에 어떻게 도달했는지는 중요하지 않다는 것이다. 즉, 히스토리는 필요 없다는 것이다.

MDP에서 시간은 이산적이다. 언제든지 에이전트는 새로운 상태로 이끄는 액션을 취하고 보상을 받는다. 목표는 다음과 같이 정의된 대로 **할인된 미래 보상**(*discounted future reward*)을 극대화하는 것이다.

$$\sum_{t=0}^{t=\infty} \gamma^t R(s_t, a_t, s_{t+1}) \tag{6.1}$$

$\gamma < 1$이면 이 합계는 유한하다. $\gamma > 1$인 경우에는 합이 무한대로 커져 수학이 복잡해진다. 일반적으로 γ는 0.9이다. 식 (6.1)을 보면 지금 당장 얻는 보상과 비교하여 미래에 받는 보상은 할인을 하기 때문에 이것을 "할인된 미래 보상"이라고 한다. 1.0 보다 작은 값이 연속해서 곱해지면 값은 점점 작아진다. 영원히 사는 사람은 없기 때문에 이것은 합리적이다.

우리의 목표는 MDP를 푸는 것이다. 또한 최선의 **정책**(*policy*)을 찾아야 한다. 정책은 함수 $\pi(s) = a$로서, 특정한 상태에 대해 에이전트가 수행해야 하는 액션 a을 지정하는 함수이다. 지정된 액션이 최대 미래 보상으로 예상되는 경우 정책은 최적 정책 $\pi^*(s)$로 표시된다. 여기서 예상된다는 것은 2.4.3절에 설명된 대로 기댓값을 찾는 것을 의미한다. 액션은 결정론적이지 않기 때문에, 동일한 액션은 상당히 다른 보상을 줄 수 있다.

따라서 이 장에서는 최적의 MDP 정책을 학습하는 다양한 방법을 소개한다. 먼저 테이블 방식(*tabular method*)을 설명한 후에 대응되는 딥러닝 정책을 설명할 것이다.

6.1 값 반복

MDP 해결에 관해 이야기하기 전에 대답해야 할 기본적인 질문은 에이전트가 T와 R의 함수를 알고 있다고 가정할 것인지 아니면 에이전트가 학습하는 환경을 돌아다니면서 파악해야 하는지 여부이다. T와 R을 알고 있다고 가정하면 해결책이 크게 단순화되므로 이 경우부터 시작한다. 이 절에서는 또한 한정된 상태 s만 있다고 가정한다.

값 반복(*value iteration*)은 MDP의 정책 학습만큼이나 간단하다. (실제로 예제를 학습하거나 환경과 상호작용할 필요가 없다는 점에서 학습 알고리즘은 아니라고

1. 모든 s에 대하여 $V(s) = 0$

2. 수렴할 때까지 다음을 반복한다.

    (a) 모든 s에 대하여
        i. 모든 a에 대하여 $Q(s, a) = \sum_{s'} T(s, a, s')(R(s, a, s') + \gamma V(s'))$
        ii. $V(s) = max_a Q(s, a)$

3. Q를 반환한다.

그림 6.1 값 반복 알고리즘

할 수도 있다.) 알고리즘은 그림 6.1에 나와 있다. V는 벡터 s를 받아서 값을 반환하는 함수이다. $V(s)$는 상태 s에서 시작할 때 기대할 수 있는 최상의 할인 보상이다. Q 함수($Q\ function$)는 $|s| \times |a|$ 크기의 테이블로서 여기서 상태에서 액션을 취할 때 받는 할인 보상의 현재 추정치를 저장한다. 함수 V는 모든 상태에 대해 실수값을 가진다. 숫자가 높을수록 해당 상태에 도달하기 쉽다. Q는 보다 세분화되어 있다. 각 상태–액션 쌍에 대해 예상할 수 있는 값을 제공한다. V의 값이 정확하면 라인 2(a) i 은 $Q(s, a)$를 올바르게 설정한다. $Q(s, a)$의 값은 즉각적 보상 $R(s, a, s')$과 다음 상태의 V값을 더한 것으로 되어 있다. 액션은 결정적이지 않기 때문에 가능한 모든 상태를 요약해야 한다. 따라서 우리가 얻을 수 있는 것은 기댓값이다.

올바른 Q가 있으면 항상 $a = \text{argmax}_{a'} Q(s, a')$ 작업을 선택하여 최적의 정책 π

0:S	1:F	2:F	3:F
4:F	5:H	6:F	7:H
8:F	9:F	10:F	11:H
12:H	13:F	14:F	15:G

S	시작 위치
F	얼음 위치
H	구멍
G	목표 위치

그림 6.2 얼음 호수(Frozen Lake) 문제

를 결정할 수 있다. 여기서 $\mathrm{argmax}_x\, g(x)$는 $g(x)$가 최대인 x의 값을 반환한다.

이를 구체적으로 설명하기 위해 매우 단순한 MDP(얼음 호수 문제)를 고려하자. 이 게임은 강화 학습 실험에 편리한 **Open AI Gym**의 게임 중 하나이다. 그림 6.2에 표시된 4×4 그리드(호수)가 있다. 게임의 목표는 얼음에 빠지지 않고 시작 위치(왼쪽 위의 상태 0)에서 출발하여 목표 위치(오른쪽 아래)로 가는 것이다. 우리는 액션을 취하고 목표 상태에 도달할 때마다 1의 보상을 받는다. 다른 모든 (상태, 액션, 상태)는 보상이 없다. 구멍 상태 또는 목표 상태에 도달하면 게임이 중지되고 다시 플레이하면 시작 상태로 돌아간다. 우리는 현재 위치에서 왼쪽(l), 아래쪽(d), 오른쪽(r), 위쪽(u)(각각 0에서 3까지의 숫자로 표시)으로 갈 수 있다. 액션을 하였을 때, 의도한 위치로 갈 수도 있지만, 얼음에서 미끄러져서 구멍으로 떨어질 수도 있다. 사실 Open AI Gym에서 제공하는 게임은 상당히 어렵다. 만약 우리가 호수를 벗어나는 액션을 한다면 우리는 출발한 상태로 되돌아간다.

얼음 호수 게임의 V와 Q를 계산하기 위해 모든 상태에 대하여 반복적으로 V를 다시 계산한다. 상태 1을 고려해 보자. V를 계산하기 위해서는 네 가지 동작 모두에 대해 $Q(1, a)$를 계산한 다음, 최대의 Q값으로 $V(1)$을 설정해야 한다. 이제 왼쪽으로 이동하면 어떻게 되는지 $Q(1, l)$을 계산해 보자. 이를 위해서는 모든 s'(모든 게임 상태)을 합산해야 한다. 게임에는 16개의 상태가 있지만 상태 1부터 시작하였기 때문에 상태 0, 상태 5, 상태 1의 3개의 상태만 도달할 수 있다. 위로 가는 것은 호수 경계를 벗어나기 때문에 차단된다. 따라서 0이 아닌 $T(1, l, s')$ 값을 갖는 종료 상태 s'만 살펴보면 다음 합계를 계산할 수 있다.

$$Q(1, l) = 0.33 \cdot (0 + 0.9 \cdot 0) + 0.33 \cdot (0 + 0.9 \cdot 0) + 0.33 \cdot (0 + 0.9 \cdot 0) \quad (6.2)$$
$$= 0 + 0 + 0 \quad (6.3)$$
$$= 0 \quad (6.4)$$

수식의 첫 번째 항은 확률 0.33으로 왼쪽으로 이동하려고 하면 상태 0에 도달하게 된다. 그렇게 하면 보상이 없고 미래의 기대 보상은 $0.9 \cdot 0$이다. 즉, 0이다. 왼쪽으로 이동하지 않고 상태 5에서 종료되거나 상태 1로 유지되는 경우도 동일하게 0이 된다.

0	0	0	0
0	0	0	0
0	0	0	0
0	0	.33	0

0	0	0	0
0	0	0	0
0	0	.1	0
0	.1	.47	0

그림 6.3 값 반복의 첫 번째 반복 및 두 번째 반복 후 상태값

따라서 $Q(1, l) = 0$이다. 상태 1에서 도달할 수 있는 상태 중에서 $Q(1, d)$과 $Q(1, u)$도 0이며, 라인 2(a) ii는 $V(1) = 0$을 설정한다.

실제로 첫 번째 반복에서 V는 상태 14에 도달할 때까지 계속 0이며, 여기서 $Q(14, d)$, $Q(14, r)$, $Q(14, u)$에 대해 0이 아닌 값을 얻는다.

$$Q(14, d) = 0.33 \cdot (0 + 0.9 \cdot 0) + 0.33 \cdot (0 + 0.9 \cdot 0) + 0.33 \cdot (1 + 0.9 \cdot 0) = 0.33$$
$$Q(14, r) = 0.33 \cdot (0 + 0.9 \cdot 0) + 0.33 \cdot (0 + 0.9 \cdot 0) + 0.33 \cdot (1 + 0.9 \cdot 0) = 0.33$$
$$Q(14, u) = 0.33 \cdot (0 + 0.9 \cdot 0) + 0.33 \cdot (0 + 0.9 \cdot 0) + 0.33 \cdot (1 + 0.9 \cdot 0) = 0.33$$

따라서 $V(14) = 0.33$이다.

그림 6.3의 왼쪽 절반은 첫 번째 반복 후의 V값을 보여 준다. 값 반복은 테이블을 이용하여 함숫값의 최상의 추정값을 예측하는 알고리즘 중 하나이다. 이들 알고리즘은 테이블 방법(*tabular method*)이라고도 한다.

반복 2에서 대부분의 값은 0으로 유지되지만 이번에는 상태 10과 13에서도 0이 아닌 Q 및 V항목을 얻을 수 있다. 이 상태에서 우리는 상태 14로 갈 수 있으며 $V(14)$ = 0.33이다. 값 반복의 두 번째 반복 후 V값은 그림 6.3의 오른쪽에 표시된다.

값 반복에서는 V 및 Q에 대한 변경 사항은 한 번 움직였을 때 미래에 진행될 일에 대한 정보를 반영한다고 생각하면 된다. 결국 반복할수록 함수에는 아직 도달하지 않은 상태에 대한 점점 더 많은 정보가 포함된다.

6.2 Q-학습

값 반복은 학습자가 모델 환경의 전체 세부 사항에 접근할 수 있다고 가정한다. 이제

모델 없는 학습(*model-free learning*) 상황을 고려해 보자. 에이전트는 이동을 통해 환경을 탐색할 수 있으며 보상 및 다음 상태에 대한 정보를 다시 가져오지만, 실제 이동 확률 함수 T, 보상 함수 R는 알지 못한다.

우리의 환경이 마코프 결정 프로세스라고 가정하면, 모델이 없는 환경에서 가장 확실한 방법은 환경을 임의로 돌아다니며 T, R에 대한 통계를 수집한 후에 Q 테이블을 기반으로 정책을 작성하는 것이다. 그림 6.4는 이를 수행하기 위한 프로그램의 주요 내용을 보여 준다. 라인 1은 얼음 호수 게임을 만든다. 초기 상태에서 게임을 시작하기 위해 reset()을 호출한다. 우리가 구멍에 빠지거나 목표 상태에 도달하면 얼음 호수 게임이 다시 실행된다. 외부 루프(1행)는 게임을 1000번 실행하도록 지정한다. 내부 루프(4행)는 하나의 게임에 대해 99단계를 실행한다. (실제로는 99단계까지 가지 않는다. 우리는 구멍에 빠지거나 그 전에 목표에 도달한다.) 5행은 각 단계에서 다음 액션을 무작위로 생성한다. (왼쪽, 아래쪽, 오른쪽, 위쪽의 네 가지 가능한 액션이 있다. 각각 0에서 3까지의 숫자가 할당된다.) 6행이 중요한 단계이다. 함수 step(act)은 하나의 인수(수행할 액션)를 취하고 4개의 값을 반환한다. 첫 번째 값은 액션이 출발한 상태(FL에서 0에서 15까지의 정수)이고, 두 번째는 우리가 받는 보상의 가치이다(FL에서 일반적으로 0, 때로는 1). 그림에서 dn으로 명명된 세 번째 값은 게임 실행이 종료되었는지(즉, 구멍에 빠지거나 목표에 도달했는지) 여부이다. 네 번째 값은 전환 확률에 대한 정보이며, 모델이 없는 학습을 수행하는 경우 무시된다.

```
0   import gym
1   game = gym.make('FrozenLake-v0')
2   for i in range(1000):
3       st = game.reset()
4       for stps in range(99):
5           act=np.random.randint(0,4)
6           nst,rwd,dn,_=game.step(act)
7           # update T and R
9           if dn: break
```

그림 6.4 Open AI Gym 게임에 대한 통계 수집

게임에서 무작위로 방황하는 것은 통계를 수집하는 아주 나쁜 방법이다. 대부분 일어나는 일은 우리가 방황하다가 구멍으로 떨어지고 시작 위치로 돌아가서 시작 근처의 상태에서 일어나는 일에 대한 통계를 계속 수집한다는 것이다. 훨씬 더 좋은 아이디어는 방황과 동시에 학습하는 것이다. 또 학습이 우리가 가는 곳에 영향을 미치도록 하는 것이다. 실제로 우리가 이 과정에서 유용한 정보를 수집한다면, 우리가 진행함에 따라 점점 더 다양한 상태에 대해 더 많이 학습하게 된다. 이 절에서 우리는 확률에 따라 (a) 무작위로 이동을 선택하거나(확률 $(1 - \epsilon)$), (b) 지금까지 수집한 지식을 바탕으로 결정을 내릴 수 있다. ϵ이 고정되면 이것을 **엡실론 탐욕 전략**(*epsilon-greedy strategy*)이라고 한다.

시간이 지남에 따라 ϵ는 감소하는 것이 일반적이다(**엡실론 감소 전략**[*epsilon-decreasing strategy*]). 이를 수행하는 한 가지 간단한 방법은, 하이퍼 매개변수 E를 설정하고, ϵ을 $\epsilon = \frac{E}{i + E}$로 설정하는 것이다. 여기서 i는 현재까지의 게임 수행 횟수이다. (E는 하이퍼 매개변수로서 무작위 상태에서 학습이 완료되는 데까지 걸리는 대략적인 게임 횟수이다.) 예상한 바와 같이, 우리가 무작위로 탐험할 것인지 게임에 대한 현재의 이해를 바탕으로 탐색할 것인지는 우리가 게임을 학습하는 데 큰 영향을 줄 수 있다. 따라서 이러한 전략을 **탐사-활용 트레이드오프**(*exploration-exploitation tradeoff*)라고 한다. (게임 지식을 사용하는 것을 지식을 활용한다고 한다.)

탐사와 활용을 결합하는 또 다른 일반적인 방법은 항상 Q 함수가 제공한 값을 사용하지만 이것을 확률 분포로 설정한 다음, 해당 분포에 따라 액션을 선택하는 것이다. 지금까지는 가장 높은 값을 가지는 액션을 선택하였다. (이것을 **탐욕적인 알고리즘**[*greedy algorithm*]이라고 한다.) 만약 우리가 3개의 액션을 가지고 그들의 Q값이 [4, 1, 1]이라면, 확률 분포에 따라서 첫 번째 액션이 선택될 확률이 2/3가 될 것이다.

Q-학습(*Q-learning*)은 탐사와 활용을 결합한 모델 없는 학습의 가장 인기 있는 알고리즘 중 하나이다. 기본 아이디어는 R과 T를 학습하는 것이 아니라 Q와 V 테이블을 직접 학습하는 것이다. 이제 그림 6.4에서 우리는 5번 라인에서 더 이상 무작위로 행동하지 않으며, 7번 라인에서 R과 T가 아닌 Q와 V를 수정해야 한다.

우리는 5번 라인에서 해야 할 일을 이미 설명하였다. Q-학습 업데이트 방정식은 다음과 같다.

$$Q(s, a) = (1 - \alpha)Q(s, a) + \alpha(R(s, a, n) + \gamma V(n)) \qquad (6.5)$$
$$V(s) = \max_{a'} Q(s, a'), \qquad (6.6)$$

여기서 s는 우리가 있었던 상태, a는 우리가 취한 액션이고, a'는 다음 상태이며, 그림 6.4의 6행에서 한 단계 나아간 것이다.

$Q(s, a)$의 새로운 값에는 α로 제어한 이전 값에 새로운 정보가 혼합된다. α는 일종의 학습률이다. 일반적으로 α는 작은 값이다. 왜 필요한지 명확히 하기 위해, 이 식들을 그림 6.1의 값 반복 알고리즘의 라인 2(a) i 및 2(a) ii와 대조할 필요가 있다. 이전 알고리즘에서는 R과 T가 주어졌으므로 우리는 우리가 취한 액션의 모든 가능한 결과를 요약할 수 있었다. Q-러닝에서는 이것을 할 수 없다. 우리가 가진 모든 것은 단계의 마지막 결과뿐이다. 새로운 정보는 우리의 환경 탐구에서 단 한 번의 액션에 기초한 값이다. 우리가 그림 6.2의 상태 14라고 가정하자. 우리가 이 상태에서 아래로 내려갈 때 −10의 "보상"을 얻을 가능성(0.0001)은 매우 적다는 사실은 알려져 있지 않다. 확률적으로 이런 일이 일어나지 않을 가능성이 많지만, 그렇게 할 경우 상황이 매우 나빠질 수 있다. 알고리즘은 게임에서 한 번의 움직임을 너무 강조해서는 안된다. 이런 목적으로 학습률의 개념을 사용하는 것이다. 값 반복 알고리즘에서는 우리는 T와 R을 알고 있으므로, 알고리즘은 부정적인 보상 가능성과 낮은 발생 가능성을 모두 고려하게 된다.

6.3 기본 deep-Q 학습

테이블 버전의 Q-학습을 사용하여 이제 deep-Q 학습을 이해할 수 있는 위치에 있다. 테이블 버전에서와 같이 그림 6.4의 알고리즘으로 시작하자. 이번의 큰 변화는 Q 함수를 테이블이 아니라 NN 모델을 사용하여 나타낸다는 점이다.

1장에서 우리는 기계 학습을 함수 근사($function\ approximation$) 문제로 간주할 수 있음을 간략하게 언급했다. 즉, 목표 함수와 가장 근사하게 일치하는 함수 찾기로 생각할 수 있다. 예를 들어, 1장에서는 영상의 화소들을 10개의 정수 중 하나로 매핑하는 함수로 생각할 수 있으며, 여기서 화소는 해당 숫자의 영상에서 나온 것이다. 우리는 일부 입력에 대한 함수의 값을 알고 있다. 우리의 목표는 모든 입력값에 대하여 올바른 출력을 내보내는 함수를 찾는 것이다. 즉, 우리가 값을 받지 못한 부분에서도 우리는 함수의 값을 채워야 한다. deep-Q 학습의 경우, 함수 근사로 설명하는 것이 아주 적합하다. 우리는 마코프 결정 프로세스를 돌아다니면서 NN을 사용하여 알 수 없는 Q 함수를 근사한다.

우리는 얼음 호수 게임을 해결하기 위하여 테이블 버전을 딥러닝 모델로 변경하는 것은 아니다. 실제로 얼음 호수 게임은 테이블 형식의 Q-학습에 적합한 문제이다. 테이블을 작성하기에 너무 많은 상태가 있는 경우에 deep-Q 학습이 필요하다.

NN의 출현으로 발생한 이벤트 중 하나는 많은 Atari 게임에 deep-Q 학습을 적용할 수 있는 단일 NN 모델을 만드는 것이었다. 이 프로그램은 구글이 2014년에 인수한 DeepMind 회사에 의해 만들어졌다. DeepMind는 게임에서 생성되는 영상의 화소로 게임을 표현함으로써 여러 가지 다양한 게임을 배울 수 있는 단일 프로그램을 얻을 수 있었다. 화소들의 조합은 게임의 하나의 상태가 된다. 그들이 사용한 영상의 크기는 기억나지 않지만 Mnist에 사용했던 28×28 크기의 영상이고, 각 화소가 0과 1의 값만 가진다고 가정해도 2784개의 가능한 화소값 조합이 있다. 따라서 원칙적으로 Q 테이블에는 2784개의 상태가 필요하다. 어쨌든 테이블에 저장해서 처리하기

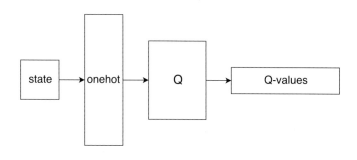

그림 6.5 얼음 호수 게임에서의 deep-Q 학습 신경망

```
inptSt = tf.placeholder(dtype=tf.int32)
oneH=tf.one_hot(inptSt,16)
Q= tf.Variable(tf.random_uniform([16,4],0,0.01))
qVals= tf.matmul([oneH],Q)
outAct= tf.argmax(qVals,1)
```

그림 6.6 deep-Q 학습 함수를 위한 TF 모델 매개변수

에는 너무 많다. (Atari 게임 윈도우는 210 × 160 RGB이고 DeepMind 프로그램은 이것을 84 × 84 흑백으로 줄였다.) 우리는 얼음 호수 게임보다 더 복잡한 경우를 토의하기 위하여 다시 돌아올 것이다.

Q 테이블을 NN 함수로 대체하는 것은 다음과 같이 요약할 수 있다. Q 테이블이 없는 상태에서 액션 권고를 얻으려면 그림 6.5와 같이 현재 상태를 단층 NN에 공급하여 Q 테이블을 호출한다. Q 함수 모델 매개변수만 생성하기 위한 TF 코드는 그림 6.6에 나와 있다. 우리는 현재 상태(스칼라 inptSt)를 공급한다. 이 스칼라 inptSt는 원-핫 벡터 oneH로 바뀌고 이것은 다시 선형 유닛 Q의 단일층 NN에 의해 변환된다. Q는 16 × 4의 형태를 가진다. 여기서 16은 원-핫 벡터의 크기이고 4는 가능한 액션 수이다. 출력 qVals는 $Q(s)$의 항목이며 Q 테이블 항목의 최댓값인 outAct는 정책이 권장하는 액션이 된다.

그림 6.6에는 암시적으로 한 번에 하나의 게임만 플레이한다는 가정이 있으므로 입력 상태를 제공할 때만 하나만 제공한다. 일반적인 NN 처리에서 이것은 배치 크기 1에 해당한다. 예를 들어 입력 상태 inptSt는 스칼라이다. 즉, 게임의 주인공이 있는 상태의 번호이다. matmul은 두 개의 행렬을 기대하므로 우리는 [oneH]와 같이 행렬로 만들어서 호출한다. 이는 qVals가 [1, 4] 형태의 행렬이 될 것임을 의미한다. 즉, 하나의 액션(위, 아래 등등)에 대한 Q값만 가진다. 마지막으로 outAct의 형태는 [1]이므로 권장 액션은 outAct [0]이다. (그림 6.7에서 deep-Q 학습을 위한 나머지 코드를 제시할 때 왜 우리가 이러한 세부 사항을 자세히 설명하는지 알 것이다.)

테이블 형식의 Q-학습에서와 같이 알고리즘은 임의로(학습 프로세스 시작 시)

액션을 선택하든지 아니면 Q-테이블 권장 정책(학습 프로세스를 종료할 때가 되면)을 기준으로 액션을 선택한다. deep-Q 학습에서는 그림 6.5의 NN에 현재 상태 s를 공급하고 Q 테이블 권장 사항을 얻은 후에, 동작 u, d, r, l 등의 4개 중 가장 높은 것을 선택한다. 일단 액션이 취해지면 step을 호출하여 결과를 얻은 다음, 그것으로부터 학습한다. 당연히, 딥러닝에서는 손실 함수가 필요하다.

deep-Q 학습에서의 손실 함수는 무엇이 되어야 할까? 우리가 특히 초기 학습 단계에서 움직일 때, 우리는 이러한 액션이 좋은지 나쁜지를 알지 못하기 때문에 이것은 중요한 질문이다. 그러나 우리는 다음을 알고 있다.

$$R(s, a) + \gamma \max_{a'} Q(s', a') \tag{6.7}$$

평균적으로 위의 식은 현재 값보다 더 정확한 $Q(s, a)$ 추정치이다. (전과 마찬가지로, s'은 s에서 a 액션 이후의 다음 상태이다.) 우리가 한 액션 이후를 보고 있기 때문이다. 그래서 우리는 손실을

$$(Q(s, a) - (R(s, a) + \gamma \max_{a'} Q(s', a')))^2, \tag{6.8}$$

현재값과 예상값 차이의 제곱으로 정의한다. 이것을 제곱 오류 손실(squared-error loss) 또는 2차 손실(quadratic loss)이라고 한다. 신경망에 의해 계산된 Q와 다음 액션에 대한 실제 보상값에 미래의 Q값을 합하여 정의한다. 이것을 시간 차이 오차(temporal difference error)라고 한다. TD(0)라고도 한다. 우리가 미래의 두 단계를 살펴보면 TD(1)가 된다.

그림 6.7은 나머지 TF 코드를 보여 준다. 첫 번째 다섯 줄은 나머지 TF 그래프를 구성한다. 이제 나머지 코드는 생략하고 7, 11, 13, 14, 19, 25행만 살펴보자. 이들은 기본 AI Gym "방황(wandering)"을 구현한다. 즉, 그림 6.4에 해당한다. 우리는 7행에서 게임을 만들고 게임을 2000번 실행한다. 각 게임은 game.reset()으로 시작한다. 각 에피소드에는 최대 99개의 단계가 있다. 실제 동작은 19행에서 이루어진다. 게임은 dn이라는 플래그 변수가 참이 되면 종료된다.

15행은 순방향 패스로서 NN에 현재 상태를 제공하고 길이가 1인 벡터를 반환받

```
1  nextQ = tf.placeholder(shape=[1,4],dtype=tf.float32)
2  loss = tf.reduce_sum(tf.square(nextQ - qVals))
3  trainer = tf.train.GradientDescentOptimizer(learning_rate=0.1)
4  updateMod = trainer.minimize(loss)
5  init = tf.global_variables_initializer()

6  gamma = .99
7  game=gym.make('FrozenLake-v0')
8  rTot=0
9  with tf.Session() as sess:
10  sess.run(init)
11  for i in range(2000):
12    e = 50.0/(i + 50)
13    s=game.reset()
14    for j in range(99):
15     nActs,nxtQ=sess.run([outAct,qVals],feed_dict={inptSt: s})
16     nAct=nActs[0]
17     if np.random.rand(1)<e: nAct= game.action_space.sample()
19     s1,rwd,dn,_ = game.step(nAct)
20     Q1 = sess.run(qVals,feed_dict={inptSt: s1})
21     nxtQ[0,nAct] = rwd + gamma*(np.max(Q1))
22     sess.run(updateMod,feed_dict={inptSt:s, nextQ:nxtQ})
23     rTot+=rwd
24     if dn: break
25     s = s1
26 print "Percent games succesful: ", rTot/2000
```

그림 6.7　deep-Q 학습 코드의 나머지 부분

는다. 우리는 또한 프로그램에 무작위 행동을 취할 확률을 약간이나마 부여한다. 이를 통해 모든 게임 공간을 탐색할 수 있다. 20~22행은 손실을 계산하고 모델 매개변수를 업데이트하기 위해 역방향 패스를 수행한다. 이것은 1~5행과도 관련이 있으며, 이 행들은 손실 계산 및 업데이트를 위한 TF 그래프를 생성한다.

이 프로그램의 성능은 테이블 형식 Q-학습의 성능만큼 좋지는 않다. 얼음 호수 MDP에는 테이블 방식이 매우 적합하다.

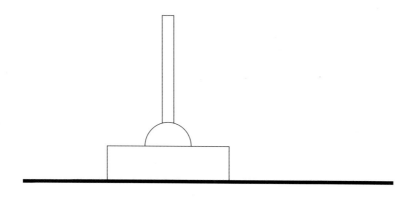

그림 6.8 카트–폴 게임

6.4 정책 그래디언트 방법

이제 표준 테이블 방법으로는 처리할 수 없는 Open AI Gym 문제로 전환해 보자. 바로 **카트–폴**(*Cart-Pole*) 문제로서 이것은 새로운 심층 RL 방법을 사용한다. **정책 그래디언트**(*policy gradient*)라고 한다. "카트–폴"은 그림 6.8과 같이 1차원 트랙 위에 놓인 카트이다. 카트에는 움직일 수 있는 관절로 막대가 붙어 있다. 우리는 막대가 넘어지지 않게 카트를 왼쪽이나 오른쪽으로 움직여야 한다. 게임의 상태는 네 가지 값으로 구성된다. 즉, 카트의 위치, 카트의 속도, 막대 각도, 막대 끝의 속도이다. 우리는 프로그램이 막대와 카트의 위치와 방향을 정확하게 알 수 있도록 연속적인 실수값을 제공한다. 플레이어는 두 가지 동작을 할 수 있다. 카트를 오른쪽이나 왼쪽으로 움직일 수 있다. 카트를 움직이는 추진력은 항상 같은 크기라고 가정한다. 카트가 오른쪽이나 왼쪽으로 너무 멀리 이동하거나 막대가 넘어지면(즉, 수직에서 많이 벗어나면) step() 함수가 게임을 종료시킨다. 새로운 게임을 시작하려면 reset()을 호출하여야 한다. 우리는 실패하지만 않으면 모든 움직임에 대해 보상을 받는다. 당연히, 게임의 목표는 막대를 가능한 한 수직으로 오랫동안 잘 유지하는 것이다. 게임의 상태는 4개의 실수로 구성된 튜플에 해당하므로 가능한 상태의 수는 아주 많다. 따라서 테이블 방식은 배제된다. 즉 테이블 방식은 사용할 수가 없다.

지금까지 우리는 NN 모델을 사용하여 MDP의 Q 함수를 근사화했다. 이 절에서는 NN이 정책 함수를 직접 모델링하는 방법을 보여 준다. 정책 함수는 상태를 받아서 액션을 반환하는 함수이므로 우리는 상태에서 직접 권장 액션을 얻는다. 우리는 모델이 없는 학습에 관심이 있으며 게임 환경을 돌아다니는 패러다임을 채택할 것이다. 게임의 시작에서는 대부분 무작위로 액션을 선택하지만 차츰 NN의 권장 사항을 사용한다. 이 장에서의 핵심 문제는 올바른 손실 함수를 찾는 것이다. 왜냐하면 이 게임에서는 우리가 취해야 할 올바른 액션을 알지 못하기 때문이다.

deep-Q 학습에서는 한 번에 한 번만 이동하며, 이동하여 보상을 받고 새로운 상태에 도달한 사실에 따라 현재 환경에 대한 지식이 향상되었다. 우리의 손실은 기존의 지식에 기초하여 예측된 것과 실제로 일어난 것 사이의 차이였다.

여기서 우리는 다른 것을 시도한다. 신경망을 전혀 수정하지 않고 게임 전체를 수행한다. 예를 들어 막대가 쓰러질 때까지 20번의 이동을 한다. 이번에는 Q 함수 최댓값을 사용하지 않고 Q 함수에서 파생된 확률 분포에 따라 액션을 선택하여 탐사/활용을 적용한다.

이 시나리오에서 우리는 첫 번째 상태에 대한 할인된 보상 $D_0(\mathbf{s}, \mathbf{a})$을 계산할 수 있다. 여기에는 우리가 시도한 모든 상태와 액션, 보상이 포함되어 있다.

$$D_0(\mathbf{s}, \mathbf{a}) = \sum_{t=0}^{n-1} \gamma^t R(s_t, a_t, s_{t+1}) \tag{6.9}$$

우리가 n단계를 취하면, 우리는 순환식으로부터 모든 상태−액션 조합(s_i, a_i)에 대한 미래의 할인된 보상값을 계산할 수 있다.

$$D_n(\mathbf{s}, \mathbf{a}) = 0 \tag{6.10}$$
$$D_i(\mathbf{s}, \mathbf{a}) = R(s_i, a_i, s_{i+1}) + \gamma D_{i+1}(\mathbf{s}, \mathbf{a}) \tag{6.11}$$

예를 들어, 우리가 통과하는 상태 순서에서 네 번째 상태에 대한 할인된 미래 보상은 D_4라고 할 수 있다. 게임이 일단 한번 수행되면 우리는 정보를 얻을 수 있다. 예를 들어, 첫 번째 무작위 이동을 시도하기 전에는 가능한 보상이 무엇인지 우리는 전혀 몰랐다. 하지만 게임이 일단 한번 수행되면 우리는 10 정도의 보상이 가능하다는 것을 알 수 있다. 또 10번 카트 이동 후에 막대가 넘어졌다면 $Q(s_9, a_9) = 0$임을 알 수 있다.

이러한 사실을 감안할 때, 우리가 사용할 수 있는 좋은 손실 함수는 다음과 같다.

$$L(\mathbf{s}, \mathbf{a}) = \sum_{t=0}^{n-1} D_t(\mathbf{s}, \mathbf{a})(-\log \Pr(a_t \mid s))) \qquad (6.12)$$

위의 식을 풀어서 설명해 보자. 가장 오른쪽 항은 교차 엔트로피 손실이며, 그 자체로는 신경망이 상태 s_t에 있을 때의 액션 a_t를 장려하는 효과가 있다. 물론, 특히 학습 초기에 우리는 액션을 무작위로 선택하기 때문에 이것은 그 자체로는 쓸모가 없다.

다음으로 D_t값이 어떻게 손실 함수에 영향을 미치는지 분석해 보자. 특히 a_0이 s_0에 대한 나쁜 액션이라고 가정하자. 예를 들어, 카트가 중앙에 있고 막대가 시작 부분에서 오른쪽으로 기울어지고 있고, 우리가 카트를 왼쪽으로 밀어서 막대가 계속 오른쪽으로 더 기울어졌다고 가정하자. 독자는 이 경우 D_0의 값이 우리가 카트를 오른쪽으로 이동하기로 선택한 경우보다 더 작다는 것을 알아야 한다. 첫 번째 이동이 양호하면 막대와 카트는 더 오래 머물러야 한다. 따라서 이런 경우 D값이 더 커지게 된다. 따라서 식 (6.12)는 좋은 a_0보다 나쁜 a_0에 대한 손실이 높으므로 NN이 좋은 것을 선호하도록 학습시킨다.

이 구조/손실–함수 조합을 REINFORCE라고 한다. 그림 6.9는 기본 구조를 보여

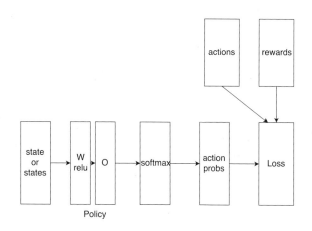

그림 6.9 REINFORCE를 위한 심층 학습 구조

준다. 여기서 주목해야 할 것은 NN이 두 가지 다른 방식으로 사용된다는 것이다. 먼저 왼쪽을 살펴보면 NN에 단일 상태를 제공하는데, 앞에서 언급했듯이 상태는 카트의 위치와 속도, 막대의 위치와 속도를 나타내는 4개의 실수이다. 이 모드에서는 그림의 오른쪽 가운데에 표시된 대로 두 가지 가능한 액션(왼쪽, 오른쪽)에 대한 확률을 얻을 수 있다. 이 모드에서는 보상이나 액션을 위한 플레이스홀더를 제공하지 않는다. 그 이유는 (a) 우리가 그것을 알지 못하며, (b) 이 시점에서 손실을 계산하지 않기 때문에 그것들이 필요 없다. 전체 게임을 한번 수행한 후에 즉 모든 액션을 결정하여 게임을 종료한 후에 우리는 다른 모드에서 NN을 사용한다. 이번에는 일련의 액션과 보상을 제공하고 손실을 계산하고 역전파를 수행한다. 학습 모드에서 우리는 두 가지 다른 방식으로 액션을 계산한다. 먼저, 우리는 NN에 우리가 거쳐 온 상태를 주고 각 상태에 대해 정책을 계산하는 계층이 액션 확률을 계산한다. 둘째, 액션을 플레이스홀더를 통하여 직접 제공하기도 한다. 게임 플레이 모드에서 액션을 결정할 때 항상 확률이 가장 높은 액션을 선택하지 않고 확률에 따라 무작위로 선택할 수도 있기 때문이다. 식 (6.12)에 따라 손실을 계산하려면 둘 다 필요하다.

그림 6.10은 식 (6.12)의 손실 함수를 사용하여 정책 그래디언트 NN을 생성하기 위한 TF 코드를 제공한다. 그림 6.11은 NN을 사용하여 정책을 학습하고 게임 환

```
state= tf.placeholder(shape=[None,4],dtype=tf.float32)
W =tf.Variable(tf.random_uniform([4,8],dtype=tf.float32))
hidden= tf.nn.relu(tf.matmul(state,W))
O= tf.Variable(tf.random_uniform([8,2],dtype=tf.float32))
output= tf.nn.softmax(tf.matmul(hidden,O))

rewards = tf.placeholder(shape=[None],dtype=tf.float32)
actions = tf.placeholder(shape=[None],dtype=tf.int32)
indices = tf.range(0, tf.shape(output)[0]) * 2 + actions
actProbs = tf.gather(tf.reshape(output, [-1]), indices)
aloss = -tf.reduce_mean(tf.log(actProbs)*rewards)
trainOp= tf.train.AdamOptimizer(.01).minimize(aloss)
```

그림 6.10 카트-폴 게임을 위한 정책 그래디언트 NN을 위한 TF 그래프 코드

1. totRs=[ ]

2. for i in range(3001):

   (a) st=reset game

   (b) for j in range(999):

      i. actDist = sess.run(output, feed_dict=state:[st])

      ii. select act randomly according to actDist

      iii. st1,r,dn,_=game.step(act)

      iv. collect st,a,r in hist

      v. st=st1

      vi. if dn:

         A. disRs = [D_i(states, actions from hst) | i = 0 to j - 1]

         B. create feed_dict with state=st, actions, from hist and rewards=disRs.

         C. sess.run(trainOp,feed_dict=feed_dict)

         D. add j to end of totRs

         E. break

      vii. if i%100=0: print out average of last 100 entries in totRs

그림 6.11 카트-폴 게임을 위한 정책 그래디언트 NN 의사코드

경에서 액션을 결정하기 위한 의사코드를 제공한다. 먼저 의사코드를 살펴보자. 가장 바깥쪽 루프(라인 2)로 인해 3001번의 게임 세션이 진행된다. 내부 루프(라인 2b)는 **step()** 함수가 게임이 종료되었음을 우리에게 알리거나(라인 D) 999번 움직일 때까지 게임 세션을 수행한다. NN(i, ii행)에서 확률에 따라 임의의 동작을 선택한 다음, 게임에서 액션을 실행한다. 결과를 리스트 **hist**에 저장하여 어떤 일이 있었는지 기록한다. 최종 상태가 되면 모델 매개변수를 업데이트한다.

그림 6.10에서 **output**은 현재 상태 **state**를 가져와서 계산된다. 이것은 다시 2-계층 NN으로 공급된다. 이 NN에서는 선형 유닛 W와 O를 통해 통과시킨다. 이들은 **tf.relu**로 자연스럽게 분리된 후에 **softmax**로 공급된다. 소프트맥스는 로짓값을 확률로 변환한다. 이전의 다층 NN에서 친숙한 것처럼 첫 번째 계층은 [입력 크기,

은닉층 크기]이고 두 번째 계층은 [은닉층 크기, 출력 크기]를 가진다. 여기서 은닉층 크기는 하이퍼 매개변수이다.

여기서 우리는 TF 라이브러리의 표준 함수를 사용하지 않고 새로운 손실 함수를 설계하였기 때문에 손실 계산은 기본적인 TF 함수로 구축하여야 했다. 예를 들어, 모든 이전 NN에서는 순방향 및 역방향 패스는 우리가 신경 쓸 필요가 없었다. 하지만 여기에서 우리는 외부로부터 보상 reward의 값을 얻고 있다. reward는 플레이스홀더로서 그림 6.11의 A, B, C행에 공급된다. 마찬가지로 actions도 플레이스홀더이다.

그림 6.10의 마지막 세 줄은 친숙해 보인다. aloss는 식 (6.12)의 값을 계산한다. optimizer로 Adam 옵티마이저를 사용했다. 우리는 친숙한 경사 하강법 옵티마이저를 사용하여 학습 속도를 두 배로 늘릴 수 있었으며, 거의 동일한 성능을 달성했을 것이다. Adam 최적화 프로그램은 약간 더 복잡하며 일반적으로 우수하다고 간주된다. 그것은 여러 가지 방식으로 경사 하강법과 다르다. 가장 중요한 차이점은 운동량의 사용이다. 이름에서 알 수 있듯이 운동량을 사용하는 옵티마이저는 경사 하강법보다 매개변수 값을 최근에 이동한 방향으로 계속 이동하려는 경향이 있다.

자, 이제 중간의 2줄만 남았다. 이 줄들은 indices와 actProbs를 생성한다. 먼저, 이들이 어떻게 일하는지는 무시하자. 이들이 해야 할 일에 집중하자. 이들이 해야 할 작업은 그림 6.12에 표시된 변환이다. 그림 6.12의 왼쪽에는 확률을 계산하는 순방향 패스의 출력을 볼 수 있다. 우리는 액션 r과 l 중에서 최선의 액션을 선택하여야 한다. 만약 이번 장이 1장이고, 지도 학습이라면, 우리가 취해야 할 액션의 확률을 얻기 위해 원-핫 벡터들의 텐서와 이것을 곱할 것이다. 그림 6.12의 오른쪽에 표

$$
\begin{array}{ll}
Pr(\mathtt{l} \mid s_1) \quad Pr(\mathtt{r} \mid s_1) & Pr(a_1 \mid s_1) \\
Pr(\mathtt{l} \mid s_2) \quad Pr(\mathtt{r} \mid s_2) \;\rightarrow\; & Pr(a_2 \mid s_2) \\
\\
Pr(\mathtt{l} \mid s_n) \quad Pr(\mathtt{r} \mid s_n) & Pr(a_n \mid s_n)
\end{array}
$$

그림 6.12 모든 확률의 텐서로부터 액션 확률 추출

시한 것이 바로 이것이다.

이 변환을 실행하려면 gather()를 사용한다. gather()는 두 가지 인수를 필요로 한다.

```
tf.gather(tensor, indices)
```

gather()는 인덱스로 지정된 텐서 요소를 꺼내어 새로운 텐서에 넣는다. 예를 들어 텐서가 ((1,3), (4,6), (2,1), (3,3))이고 인덱스가 (3,1,3)이면 출력은 ((3,3), (4,6), (3,3))이 된다. 우리의 경우, 그림 6.12의 왼쪽에 있는 액션 확률 행렬을 확률 벡터로 바꾸고, indices를 올바른 리스트로 설정하기 위해 gather()를 사용한다. tf.gather()는 벡터 actions에 의해 지정된 액션의 확률을 수집한다. indices가 올바르게 설정되었음을 보여 주는 것은 독자를 위한 연습문제로 남긴다(연습문제 6.5).

Q-학습과 REINFORCE가 어떻게 관련되어 있는지 자세히 살펴보는 것이 좋겠다. 첫째, 환경 정보를 수집하여 NN에 알리는 방법이 다르다. Q-학습은 한 단계 이동한 다음, 결과에 대한 NN 예측이 실제로 발생한 것과 얼마나 가까운지 확인한다. Q-학습 손실 함수인 식 (6.8)을 보면 예측과 결과가 동일하면 업데이트할 것이 없다는 것을 알 수 있다. 반면 REINFORCE를 사용하면 NN 매개변수를 변경하기 전에 전체 에피소드를 재생한다. 여기서 에피소드를 재생한다는 것은 게임의 완전한 실행을 의미한다. 즉, 처음 상태에서 게임이 종료될 때까지이다. 에피소드를 재생하면서 Q-학습과 같은 작업을 수행할 수 있었지만, 우리는 그렇게 하지 않았고 REINFORCE 매개변수 변경 스케줄을 지켰다. 이로 인해 매개변수 변경 횟수가 훨씬 줄어들면서 학습 속도가 느려지지만, 실제 보상을 계산할 수 있기 때문에 더 나은 변경이 이루어진다.

6.5 액터-비평가 방법

Q-학습과 REINFORCE의 차이점을 방금 살펴보았으므로 이제 유사성을 살펴보

자. NN은 정책을 직접 계산하거나 Q-학습에서 정책을 작성하는 데 사용될 수 있는 함수를 계산한다. Q-학습에서는 모든 상태 s에서 항상 $Q(s, a)$를 최대화하는 액션 a를 수행한다. 정책이란 어떤 상태에서 액션을 결정하는 함수이다. 이들 방법에서 NN은 하나의 함수를 근사화한다. 이 함수는 우리에게 게임에서 어떻게 움직여야 하는지를 알려 준다. 우리는 이러한 RL 프로그램을 **액터 프로그램**(*actor program*)이라고 부른다. 이 절에서는 각각 고유한 손실 함수를 가진 두 개의 NN 서브 컴포넌트를 가진 프로그램을 고려한다. 첫 번째는 액터 프로그램이다. 두 번째는 **비평가 프로그램**(*critic program*)이다. 짐작할 수 있듯이 이 유형의 강화 학습을 **액터-비평가 방법**(*actor-critic method*)이라고 부른다. 특히 이 절에서는 **어드밴티지 액터-비평가 방법**(*advantage actor-critic method*)을 다룬다. 이것을 약자로 **a2c**라고 한다. 이 방법은 상당히 좋은 평가를 받고 있는데 그 이유는 (a) 이 방법이 잘 동작하고, (b) RE-INFORCE에서 시작하여 점진적으로 접근할 수 있기 때문이다. 이 점진적인 버전을 **a2c-**라고 하자. 우리는 이것을 카트-폴 게임에 적용할 것이다.

이 방법은 "어드밴티지(advantage)"라는 개념을 사용하기 때문에 어드밴티지 액터-비평가라고 한다. 상태-액션 쌍의 어드밴티지는 상태-액션 Q값과 상태값 함수 V와의 차이로 정의된다.

$$A(s, a) = Q(s, a) - V(s) \tag{6.13}$$

직관적으로 우리는 어드밴티지값은 음수일 것으로 예상한다. 값 반복에서 $V(s)$는, 가능한 액션 중에서 argmax_a를 수행하여 계산되기 때문이다. 그러나 a가 좋은 액션이라면 A는 0이거나 작은 음수일 것이므로, A는 특정 상태에서 액션이 얼마나 양호한지를 측정하는 용도로 사용할 수 있다.

다음으로 우리는 a2c를 위한 손실 함수를 다음과 같이 시작 상태에서 게임 종료까지 일련의 액션을 탐색할 때 발생하는 것으로 정의한다.

$$L_A(\mathbf{s}, \mathbf{a}) = \sum_{t=0}^{n-1} A(s_t, a_t)(-\log \Pr(a_t \mid s_t))) \tag{6.14}$$

이는 식 (6.12)의 REINFORCE 손실과 매우 유사하지만 할인된 보상인 $D_t(s, a)$

를 $A_t(s, a)$로 대체했다. 우리는 이 손실을 L_A라고 부를 것이다. a2c의 총 손실과 구별하기 위해서이다. a2c의 총 손실은 아래에서 볼 수 있듯이, 비평가와 관련된 두 번째 손실 L_C을 포함한다.

REINFORCE의 손실 함수는 더 큰 보상으로 이어지는 액션을 장려하기 위한 것임을 기억한다. 이제 우리는 동일한 상태에서의 다른 액션들보다 좋은 액션들을 장려하고 있다. 이것은 물론 합리적이지만, 보상이 가장 많은 액션을 직접 장려하는 것보다 왜 더 좋을까?

답은 $A(s, a)$의 분산과 관련이 있다. 2.4.3절에서 언급한 것처럼, 함수의 분산은 함숫값과 평균값 사이의 차이의 제곱에 대한 기댓값이다. 직관적으로 이는 많이 변하는 함수의 분산이 높다. 따라서 Q에 비해서 A의 분산이 훨씬 낮다. 카트-폴 문제를 살펴보자. 게임에서 막대가 움직이는 속도에 따라서 카트를 왼쪽이나 오른쪽으로 합리적으로 움직인다 고 가정하면, 카트를 오른쪽으로 이동하거나 왼쪽으로 이동할 때의 차이는 작을 것이고, 따라서 상태 공간의 거의 모든 부분에서 A가 비교적 작다. 이것을 Q와 대조해 보자. 100번의 게임에서 Q-학습 방법으로 학습한 후, 카트-폴 게임은 약 20번 정도 움직이고 실패한 반면에, 중간 정도로 좋은 정책 방법을 사용하면 200번 이상을 제공하였다.

이제 두 번째 사실을 추가해 보자. 다른 모든 것은 동일하다고 할 때, 높은 분산보다 낮은 분산을 갖는 함수를 추정하는 것이 더 쉽다. 분산이 0인 상수 함수가 가장 쉽다. 따라서 A를 추정하기가 훨씬 쉬운 경우, Q가 아닌 A를 직접 최대화하여, 단점을

```
V1 =tf.Variable(tf.random_normal([4,8],dtype=tf.float32,stddev=.1))
v1Out= tf.nn.relu(tf.matmul(state,V1))
V2 =tf.Variable(tf.random_normal([8,1],dtype=tf.float32,stddev=.1))
v2Out= tf.matmul(v1Out,V2)
advantage = rewards-v2Out
aLoss = -tr.reduce_mean(tf.log(actProbs) * advantage)
cLoss=tf.reduce_mean(tf.square(rewards-vOut))
loss=aLoss + cLoss
```

그림 6.13   그림 6.10과 그림 6.11에 추가되는 a2c TF 코드

극복할 수 있다. 이것은 사실인 것 같다. 물론 지금은 A를 계산하는 방법을 모른다. 이것이 우리의 다음 의제이다.

기억하듯이 REINFORCE에서는 현재 정책에 따라 게임이 끝날 때까지, 게임을 진행하고 식 (6.11)의 할인된 보상 $D_t(s, a)$를 사용하여 $Q(s, a)$를 추정한다. 우리는 이제 A의 추정치를 계산할 때도 $Q(s, a)$를 추정하기 위하여 $D_t(s, a)$를 사용한다(식 6.13). 우리는 $V(s)$을 계산하기 위해 NN에 서브 신경망을 구축한다.

그림 6.13은 REINFORCE 말고 추가로 필요한 코드를 보여 준다(그림 6.10). 우리는 2-계층의 완전히 연결된 NN인 **v1Out**, **v2Out**을 만들어 비평가의 V를 계산한다. 발견된 실제 보상과 NN 근삿값(**cLoss**)의 차이를 계산하는 2차 손실 함수 **cLoss**를 사용하여 V의 좋은 추정치를 생성하도록 학습되었다. 여기서 액터 손실은 식 (6.14)를 사용하고 있고 어드밴티지 함수를 사용한다. 이 정도만 변경하면 REINFORCE를 a2c-로 바꿀 수 있다.

a2c-를 넘어서려면 a2c는 두 가지 개선 사항을 추가한다. REINFORCE(a2c-에 의해 상속되는)의 한 가지 문제점은 학습이 시작되기 전에 전체 게임을 해야 한다는 것이다. 카트-폴처럼 시작하여 10~20회의 움직임만 있는 게임에서 이것은 그다지 문제가 안된다. 그러나 100이나 200개의 움직임이 필요한 게임도 있고 a2c-게임은 더 길 수 있다. a2c는 모델의 매개변수를 훨씬 더 일찍, 더 자주 업데이트하여 이를 개선할 수 있다.

한 가지 방법은 모델 매개변수를 업데이트하기 위해 50번의 액션 후에는 게임 실행을 일시 중지하는 것이다. REINFORCE에서는 이 작업을 수행할 수 없었다. REINFORCE에서는 전체 게임을 해 봐야만 우리가 수행한 액션에 대한 Q값을 올바르게 추정할 수 있었다. 그러나 a2c는 단순히 (a) 지난 50번의 액션 동안 누적된 실제 보상과 (b) 종료 상태의 V값을 합산하여 간단히 추정할 수 있게 한다. 50번의 이동 후에는 우리는 **hist**를 0으로 만들고 다시 시작하여 추가적으로 50번 이동하면 된다. (이로 인해 REINFORCE는 명시적으로 다시 시작한 게임에만 사용해야 한다는 요구 사항을 완화할 수 있다.)

전체 a2c의 두 번째 개선점은 다중 환경을 사용할 수 있다는 점이다. 우리는 빠른 행렬 곱셈 능력이 있다면 한 번에 여러 개의 학습 예제를 실행하는 것이 유리하다는 점을 언급했다. 하나의 게임을 병렬화하는 것은 쉽지 않다. 하지만 동시에 여러 게임을 플레이하는 것은 가능하다. 동시에 여러 게임을 플레이하는 것은 배치 처리와 근본적으로 동일하다.

6.6 경험 재생

우리는 NN의 재탄생의 주요 촉매가 DeepMind의 성공이라고 일찍이 언급하였다. DeepMind는 전문가 수준에서 여러 Atari 게임을 할 수 있는 프로그램을 개발하였다. 여기에 사용된 NN 기술을 **DQN**(*Deep-Q Network*)이라고 한다. 이 특정 RL 체계는 액터−비평가 방법으로 대체되었지만, 이 DQN 프로그램은 몇 가지 개선 사항을 도입했다. 특히 중요한 하나는 **경험 재생**(*experience replay*)이다.

RL은 자율주행차의 큰 요소이다. 이 분야에 RL을 적용할 때 큰 문제는 학습 데이터를 얻는 것이다. 현재 RL에는 많은 학습 데이터가 필요하며 실제 컴퓨터의 속도에 비하면 고속도로와 같은 실제 세계는 아주 느리다. 실제로 여러분이 Open AI Gym 게임을 시작하면 컴퓨터 시뮬레이션도 느려질 수 있는데 RL에 소요되는 시간의 상당 부분이 게임을 실행하는 데 소모되기 때문이다. 우리가 세상의 속도를 높일 수 있다면 더 빨리 학습할 수 있지만 이것은 불가능하다.

경험 재생에서 우리는 동일한 학습 데이터를 여러 번 사용한다. 이것은 Open AI Gym의 맥락에서 설명하는 것이 가장 간단하다. REINFORCE로 돌아가서, 우리가 게임을 할 때 우리는 현재 상태, 우리가 취한 액션, 다음 상태, 받은 보상 등을 기록하기 위해 변수 `hist`를 사용했다. 우리는 게임 플레이가 끝날 때마다 D_t를 계산하기 위해 이들 데이터가 필요했지만, 이를 계산한 후에는 우리는 이들 데이터를 버렸다. 경험 재생 방법에서는 매시간 t에 대해 $< s_t, a_t, s_{t+1}, D_t >$를 저장한다. 우리는 이들 데이터에 대하여 순방향이나 역방향 패스를 실행할 수 있다. 우리는 이들 데이터에서 추가적인 결과를 얻을 수 있다. 그리고 두 번째 장점도 있다. 우리는 이들 데이터에서 무작위 순서로 데이터를 추출하여서 게임을 다시 플레이할 수 있다. 1.6절에서 언급한 iid 가정을 기억해야 한다. 여기서는 RL은 시작부터 학습 예제들이 상관 관계가 있기 때문에 RL이 특히 문제가 될 수 있다. 서로 다른 게임 플레이 데이터에서 무작위로 액션을 꺼내게 되면 이 문제가 상당히 줄어든다.

물론, 우리는 반대급부를 지불해야 한다. 오래된 학습 사례는 새로운 학습 사례만큼 유익하지 않을 수 있다. 또한 데이터가 안정 상태로 될 수도 있다. 에를 들어서 우리는 막대가 오른쪽으로 기울어져 있을 때 카트를 왼쪽으로 움직이면 안 된다는 것을 학습했다고 하자. 하지만 오래된 학습 데이터에는 여전히 이러한 학습 데이터가 있어서 쓸모없는 재학습이 일어날 수도 있다. 현재의 정책으로는 절대 그 상태에 갈 수 없기 때문이다. 따라서 우리는 다음과 같이 한다. 우리는 50개의 게임 플레이를 저장한다. 하나의 게임에서 실패하기 전에 100개 정도 이동한다고 하자. 따라서 이것은 5000개의 (state-action-state-reward) 4-튜플에 해당한다. 우리는 여기서 400개의 상태를 무작위로 선택하여 학습한다. 그런 다음 버퍼에서 가장 오래된 게임을 새로운 게임으로 교체한다. 새로운 게임은 가장 최신의 매개변수와 새로운 정책을 사용하기 때문에 이 문제를 어느 정도 완화할 수 있다.

6.7   참고문헌 및 추가자료

강화 학습은 딥러닝이 출현하기 오래전부터 풍부한 이론과 구현을 가지고 있었으며, 딥러닝은 이를 아직 능가하지 못했다. 결국, 강화 학습의 주요 문제점은 하나의 움직임이 좋냐 나쁘냐와 같은 간접적인 정보만 있을 때 어떻게 학습하느냐이다. 딥러닝은 이 문제를 어떻게 손실 함수를 정의하느냐로 이동시킨다. 딥러닝은 해결책의 본질에 대해서는 많이 언급하지 않는다. 강화 학습의 고전 텍스트는 Richard Sutton과 Andrew Barto의 글이다[SB98]. 나는 Kaelbling et al.의 초기 튜토리얼 논문을 주로 사용했다. 딥러닝 이전의 자료들은 여기에 있다[KLM96].

딥러닝 이후의 강화 학습은 Arthur Juliani의 블로그에 있다. 그의 블로그, 특히 파트 0 [Jul16a] 및 파트 2 [Jul16b]에 가면 카트-폴과 REINFORCE에 대한 좋은 자료가 있다. 그의 코드는 내 출발점이 되었다. REINFORCE의 원본 논문은 Ronald Williams [Wil92]에 의해 작성되었다.

a2c 강화 학습 알고리즘은 **a3c**(*asynchronous advantage actor-critic*) 알고리즘의 변형으로 제안되었다. 우리는 이전 페이지에서 a2c를 사용하면 여러 환경에서 행렬 곱셈 소프트웨어 및 하드웨어를 더 잘 활용할 수 있다고 하였다. a3c에서 이러한 환경은 비동기식으로 계산된다. 이것은 학습자가 관찰할 수 있는 상태−액션 조합을 더 잘 혼합하기 위해서이다[MBM⁺16]. 이 논문은 a3c의 하위 구성 요소로 a2c 알고리즘을 제안했다. 결과적으로 이것은 잘 작동하는 것으로 나타났으며 훨씬 간단하다.

6.8 연습문제

6.1 그림 6.3의 오른쪽에 표시된 V 테이블에 있는 값들이 어떻게 계산되었는지를 보여라.

6.2 식 (6.5)에는 매개변수 α가 있지만 그림 6.6 및 6.7의 TF 구현에서는 α에 대해 언급하지 않는 것 같다. 이것은 어디에 숨겨져 있고 우리가 α에 어떤 값을 주었는지 설명하라.

6.3 카트−폴 예제에서 REINFORCE 알고리즘의 학습 단계에서 3개의 액션(l, l, r)만 수행하고 종료되었다고 하자. $\Pr(l \mid s_1) = 0.2$, $\Pr(l \mid s_2) = 0.3$, $\Pr(r \mid s_3) = 0.9$라고 가정하자. `output`, `actions`, `indices`, `actProbs`의 값을 보여라.

6.4 REINFORCE에서는 카트−폴 게임을 시작하여 막대가 넘어지거나 카트가 범위를 벗어날 때까지 액션을 선택한다. 우리는 매개변수를 업데이트하지 않고 이 작업을 수행한다. 우리는 이러한 액션을 저장하고 결국 전체 시나리오를 다시 한 번 살펴보면서 손실을 계산하고 매개변수를 업데이트한다. 하지만 게임을 플레이할 때 우리가 액션과 그 소프트맥스 확률을 저장했다면 우리는 모든 계산을 수행하지 않고 손실 함수 값을 계산할 수 있다. 하지만 왜 이것이 불가능한지를 설명하라. 즉, 중복 계산 없이 학습하면 REINFORCE가 아무것도 학습하지 못하는 이유를 설명하라.

6.5 TF 함수 `tf.range()`는 다음과 같은 두 개의 인수를 가지고 있다.

```
tf.range(start, limit)
```

위의 함수는 start에서 시작하여 limit까지 증가하는 정수로 구성된 벡터를 만든다. delta 매개변수가 설정되지 않으면 정수는 1씩 증가한다. 따라서 그림 6.10에서 사용하면 0에서 배치 크기까지의 정수 리스트가 생성된다. 이것이 그림 6.12의 변환을 달성하기 위해 TF 코드와 어떻게 결합할 수 있는지를 설명하라.

6.6 그림 6.13은 그림 6.10에서 사용한 코드를 보완하는 데 필요한 TF 코드이다. 특히 그림 6.13은 비평가 계산에 필요한 손실 cLoss가 식 (6.14)에서 계산된 aLoss와 어떻게 합쳐지는지를 보여 주지만 우리는 aLoss에 대한 TF는 보여 주지 않았다. (a) aLoss 계산에 필요한 TF 코드를 작성하라. 여러분은 여러분이 거쳐 온 모든 상태에 대한 어드밴티지 값 adVan TF 벡터를 가지고 있다고 가정할 수 있다. (b) 그림 6.13과 그림 6.10의 코드가 주어져 있다고 가정하고 adVan을 계산하는 데 필요한 코드 행을 작성하라.

CHAPTER 7

비지도 신경망 모델

| Unsupervised Neural-Network Models |

이 책은 Mnist와 같은 **지도 학습**(*supervised learning*)에서 seq2seq 학습 및 강화 학습과 같은 약한 지도 학습에 이르는 학습 경로를 따라왔다. 숫자 인식 문제는 각 학습 예제가 정답과 함께 제공되므로 완전히 지도되었다고 말할 수 있다. 강화 학습에서는 학습 예제에 정답 레이블은 없지만 Open AI Gym에서 얻은 보상이 학습 과정을 안내한다. 이것은 약한 형태의 정답 레이블이라고 할 수 있다. 이 장에서는 정답 레이블이나 다른 형태의 지도가 전혀 없는 완전한 **비지도 학습**(*unsupervised learning*)을 살펴본다. 우리는 데이터 자체만을 사용하여 데이터의 구조를 학습할 것이다. 특히, 우리는 **오토 인코더**(*autoencoder*, 약어 **AE**)와 GAN(*generative adversarial network*)을 중점적으로 살펴본다.

7.1 기본적인 오토 인코더

오토 인코더는 입력과 거의 동일한 출력을 내보내는 함수이다. 우리는 함수를 신경망으로 근사화할 수 있음을 알고 있다. 오토 인코더는 특징 학습이나 차원 축소, 표현 학습 등에 많이 사용된다. 문제를 조금 어렵게 하기 위하여 우리는 **차원 축소**(*dimensionality reduction*) 문제를 다루도록 하자.

그림 7.1은 간단한 2-계층 AE를 보여 준다. 입력 28 × 28 크기의 Mnist 영상은 선형 유닛 계층을 통해 은닉층으로 전달되고 여기서 중간 단계 벡터로 변환되어 원래 입력보다 훨씬 작아진다. 원본 영상의 784 화소와 비교하여 256 화소가 된다. 이 벡

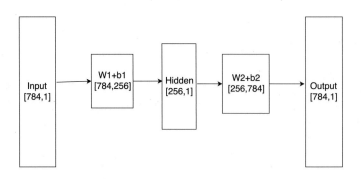

그림 7.1 간단한 2–계층 AE

터는 2번째 계층으로 전달된다. 우리의 목표는 2번째 계층의 출력을 입력과 동일하게 만드는 것이다.

우리가 입력과 비교하여 은닉층의 크기를 줄일 수 있다면 신경망은 Mnist 영상 구조에 대한 정보를 인코딩했다고 생각하는 것이다. 우리는 이것을 다음과 같이 추상적으로 쓸 수 있다.

입력(input) → 인코더(encoder) → 은닉층(hidden) → 디코더(decoder) → 입력(input)

여기서 **인코더**(*encoder*)는 작업 지향적 신경망처럼 보이고 **디코더**(*decoder*)는 반대로 인코더를 거꾸로 한 것으로 보인다. 인코딩 프로세스는 **다운샘플링**(*downsampling*, 영상 크기를 줄이기 때문에)이라고 하고 디코더 프로세스를 **업샘플링**(*upsampling*)이라고도 한다.

우리는 여러 가지 이유로 AE를 좋아한다. 하나는 단순히 이론적이고 심리적이다. 사람들이 학교에 있을 때를 제외하면 지도 학습을 거의 받지 못한다. 또 우리는 학교에 들어가기 전부터 이미 시각, 말하기, 운동, 계획과 같은 가장 중요한 기술을 배운 상태이다. 아마도 이런 것들은 **비지도** 학습을 통해서만 가능하다.

보다 실제적인 이유로는 우리가 **사전 학습**(*pre-training*) 또는 **동시 학습**(*co-training*)을 많이 사용하기 때문이다. 정답 레이블이 있는 학습 데이터는 일반적으로 공급이 부족하며, 우리의 모델은 매개변수가 많을수록 성능이 좋아지지만, 학습 데이터가 부족하므로, 올바르게 학습시키기 어렵다. 사전 학습은 먼저 일부 매개변수를 학습시킨 후에 메인 학습을 시작하는 기술이다. 메인 학습을 시작할 때는 가중치의 초깃값이 난수가 아니고 사전 학습된 가중치를 사용한다. 동시 학습은 메인 학습과 "사전 학습"을 동시에 수행하는 것이다. 즉, 신경망 모델의 총 손실은 두 가지 손실 함수를 합한 것이다. 하나는 우리가 실제로 해결하고자 하는 문제를 위한 손실 함수이다. 또 하나의 손실 함수는 우리가 사용하는 학습 데이터의 일부를 재생산하기 위한 손실 함수이다.

오토 인코딩을 연구하는 또 하나의 이유는 **변형 오토 인코더**(*variational autoencoder*, **VAE**)라는 변형 때문이다. 이것은 표준 AE와 거의 같지만, AE가 학습한 영상의 스타일과 유사한 영상을 생성하도록 설계된 AE이다. 비디오 게임 설계자는 도시에서 게임이 진행될 때, 수백 개의 건물을 별도로 설계하는 데 시간을 소비하는 것을 원하지 않는다. 따라서 좋은 변형 오토 인코더가 있다면 이 작업을 맡을 수 있다. 장기적으로 우리는 헤밍웨이(Hemingway)나 형사 시리즈와 같은 새로운 소설을 제작할 수 있는 변형 오토 인코더를 원할 수도 있다.

우리는 입력을 간단하게 재구성하는 기본적인 오토 인코딩부터 시작한다. 그림

	7	8	9	10	11	12	13	14	15	16	17	18	19	20
0	0	0	0	0	0	0	0	0	0	0	0	0	0	0
1	0	0	0	0	0	0	0	0	0	0	0	0	0	0
2	0	0	0	0	0	0	0	0	0	0	0	0	0	0
3	0	0	0	0	0	0	0	0	0	0	0	0	0	0
4	0	0	0	0	0	0	0	0	0	0	0	0	0	0
5	0	0	0	0	0	0	0	0	0	0	0	0	0	0
6	3	14	15	1	0	0	0	0	0	0	0	0	0	0
7	187	221	205	151	74	11	1	0	0	2	8	23	55	69
8	237	249	251	250	249	239	221	225	197	214	216	236	237	228
9	92	194	232	219	217	225	245	251	251	249	241	237	249	250
10	1	8	7	17	31	49	100	126	106	45	37	81	242	251
11	0	0	0	0	1	9	13	7	2	0	1	43	239	247
12	0	0	0	0	0	2	2	0	0	0	2	151	247	215
13	0	0	0	0	0	0	0	0	0	1	61	246	248	57
14	0	0	0	0	0	0	0	0	1	32	207	253	185	10
15	0	0	0	0	0	0	0	0	9	176	251	237	31	1
16	0	0	0	0	0	0	0	0	47	237	252	67	2	0
17	0	0	0	0	1	0	1	9	171	249	237	9	0	0
18	0	0	2	7	1	1	5	100	243	251	138	1	0	0
19	0	0	0	2	1	0	19	217	253	222	19	0	0	0
20	0	0	0	0	2	107	246	241	44	1	0	0	0	0
21	0	0	0	0	1	48	220	247	168	4	0	0	0	0
22	0	0	0	0	18	196	251	233	42	0	0	0	0	0
23	0	0	0	1	98	249	250	140	2	0	0	0	0	0
24	0	0	0	14	237	254	242	40	0	0	0	0	0	0
25	0	0	5	116	252	254	205	8	0	0	0	0	0	0
26	0	0	16	158	253	249	56	4	2	0	1	0	0	0
27	0	0	0	0	2	1	0	0	0	0	0	0	0	0

그림 7.2 그림 1.1의 Mnist 테스트 영상을 재건한 것

7.2는 1장의 시작 부분에 나왔던 숫자 7의 영상을 인코딩하고 이것을 다시 디코딩한 4-계층 AE의 출력을 보여 준다. 오토 인코더는 다음과 같이 표현될 수 있다.

$$\mathbf{h} = S(S(\mathbf{x}\mathbf{E}_1 + \mathbf{e}_1)\mathbf{E}_2 + \mathbf{e}_2) \tag{7.1}$$

$$\mathbf{o} = S(\mathbf{h}\mathbf{D}_1 + \mathbf{d}_1)\mathbf{D}_2 + \mathbf{d}_2 \tag{7.2}$$

$$L = \sum_{i=1}^{n}(x_i - o_i)^2 \tag{7.3}$$

완전히 연결된 2개의 인코딩 계층이 있다. 첫 번째 계층은 가중치 $\mathbf{E}_1$, $\mathbf{e}_1$이고, 두 번째는 $\mathbf{E}_2$, $\mathbf{e}_2$이다. 그림 7.2에서 재구성된 7의 생성에서, 제1층은 [784, 256] 형태 및 제2층은 [256, 128] 형태를 가지므로, 인코딩의 최종 영상은 128 화소를 가지며, 높이와 너비가 $\sqrt{128}$인 영상이라고 생각할 수 있다. 식 (7.3)에서 제곱 오차 손실을 사용하고 있는데, 이는 신경망이 화소값을 예측하려고 한다는 점에서 의미가 있다. 즉, 이번에는 분류를 위한 신경망이 아니다. 비선형성을 위하여 우리는 시그모이드 함수인 S를 사용한다.

우리가 왜 표준 `relu` 대신에 시그모이드 활성화 함수를 사용했는지 궁금할 것이다. 그 이유는 지금까지는 신경망을 통해 전달되는 값에 대해서는 크게 신경 쓰지 않았기 때문이다. 결국에는 모두 소프트맥스 함수를 통과하고, 남아 있는 값은 상대적인 확률값이다. 하지만 AE는 입력의 절댓값과 출력의 절댓값을 비교한다. Mnist 영상의 데이터 정규화에 대해 논의했던 것을 기억할지 모르겠다. 우리는 원본 화소값을 255로 나누어 화소값을 0에서 1 사이의 실수값으로 정규화했다. 그림 2.7에서 보듯이 시그모이드 함수의 범위는 0에서 1이다. 이는 정규화된 화소값의 범위와 정확히 일치하기 때문에 신경망은 이 범위로 값을 제한하는 방법을 학습할 필요가 없으며 값의 범위가 자동 구현되어 있는 거나 마찬가지이다. 당연히 `relu`를 사용하는 것보다 시그모이드 함수를 사용하는 편이, 보다 쉽게 신경망을 구현하고 학습시킬 수 있다. `relu` 함수는 하한값은 가지고 있지만 상한값은 없기 때문이다.

오토 인코더에는 유사한 여러 개의 계층(이 경우 모두 완전히 연결되어 있음)이 있으므로 2.4.4절에서 설명한 `layers` 모듈이 특히 유용하다. 식 (7.1)~(7.3)에 요약된 신경망 모델은 다음과 같이 간결하게 코딩할 수 있다.

```
E1=layers.fully_connected(img,256,tf.sigmoid)
E2=layers.fully_connected(E1,128,tf.sigmoid)
D2=layers.fully_connected(E2,256,tf.sigmoid)
D1=layers.fully_connected(D2,784,tf.softmax)
```

여기서 영상 `img`는 784개의 요소로 이루어진 1차원 벡터라고 가정한다.

오토 인코더가 단순히 입력을 출력으로 복사하는 것을 방지하는 또 다른 방법은 노이즈(noise)를 추가하는 것이다. 여기서 노이즈는 원본 영상을 손상시키는 무작위 값이다. 여기서 영상은 신호(signal)라고 가정할 수 있다. 우리는 무작위로 원본 영상의 일부 화소를 0으로 만드는 형태로 영상에 노이즈를 추가한다. 이러한 방식으로 화소의 약 50%가 저하될 수 있다. 노이즈를 제거하는 오토 인코더를 **노이즈 제거 오토 인코더**(*de-noising autoencoder*)라고 부른다. 이때 손실 함수는 원본 영상의 화소와 출력 디코더 화소 사이의 제곱 오차이다. 이 기능을 사용하면 입력 영상에서 노이즈를 제거하거나 일부가 소실된 영상을 다시 복원할 수도 있다.

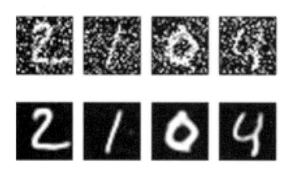

7.2 컨볼루션 오토 인코더

앞 절에서 인코더를 사용하여 Mnist 숫자에 대한 AE를 구축하고 784 화소의 초기 영상을 256으로, 이어서 128로 줄였다. 이 작업을 수행한 후 디코더는 128 화소로 시작하여 프로세스를 반대로 했다. 즉, 영상을 256으로 만든 후에 784로 다시 만들었다. 이 모든 것이 완전히 연결된 계층으로 수행되었다. 첫 번째는 [784, 256] 형태, 두 번째는 [256, 128] 형태의 가중치 행렬을 가졌다가 디코더의 경우 [128, 256] 형태 다

$$
\begin{array}{cccc}
1 & 2 & 3 & 4 \\
4 & 3 & 2 & 1 \\
2 & 1 & 4 & 3 \\
3 & 4 & 1 & 2
\end{array}
\quad \rightarrow \quad
\begin{array}{cccccccc}
0 & 0 & 0 & 0 & 0 & 0 & 0 & 0 \\
0 & 1 & 0 & 2 & 0 & 3 & 0 & 4 \\
0 & 0 & 0 & 0 & 0 & 0 & 0 & 0 \\
0 & 4 & 0 & 3 & 0 & 2 & 0 & 1 \\
0 & 0 & 0 & 0 & 0 & 0 & 0 & 0 \\
0 & 2 & 0 & 1 & 0 & 4 & 0 & 3 \\
0 & 0 & 0 & 0 & 0 & 0 & 0 & 0 \\
0 & 3 & 0 & 4 & 0 & 1 & 0 & 2
\end{array}
$$

그림 7.3 컨볼루션 AE에서의 디코딩을 위한 영상 패딩

음에 [256, 784] 형태를 갖는다. 그러나 컴퓨터 비전에 대한 딥러닝의 경험에서 배운 것처럼 가장 좋은 결과는 컨볼루션을 사용하는 것이다. 이 절에서는 컨볼루션 방법을 사용하여 AE를 작성한다.

영상 크기를 줄이는 컨볼루션 인코더는 문제가 되지 않는다. 3장에서 보폭 (stride)을 2로 하면 영상의 크기가 각 차원에서 1/2로 줄어든다는 것을 학습하였다. 3장에서는 영상 압축에 관심이 없었으므로 채널(각 영상 패치에 적용한 필터 수) 때문에 실제로 컨볼루션 프로세스가 끝날 때에는 영상의 크기가 더 커졌다. 예를 들어서 7 × 7 영상에 32개의 필터를 적용하면 1568개의 값이 된다. 여기서 우리는 인코딩된 중간 계층이 원래 영상보다 훨씬 작은 값을 갖기를 원하므로, 3개의 컨볼루션 계층 중에서 첫 번째 계층은 14 × 14 × 10, 두 번째 계층은 7 × 7 × 10, 세 번째 계층은 4 × 4 × 10이 된다. 물론 정확한 숫자는 하이퍼 매개변수에 따라 달라진다.

하지만 컨볼루션으로 디코딩하는 것은 어떻게 하여야 할까? 컨볼루션은 영상의 크기를 늘리지 않으므로 업샘플링이 어떻게 작동하는지 명확하지 않다. 해결책은 입력 영상을 필터로 처리하기 전에 말 그대로 입력 영상을 확장하는 것이다. 그림 7.3에서 AE의 은닉 계층에서 4 × 4 영상을 8 × 8 영상으로 확장하려고 한다. 우리는 각각의 "실제" 화소를 충분한 0으로 둘러싸서 8 × 8을 만든다. (그림에서 실제 화소값은 예시용이고 정확한 값은 아니다.) 각 실제 화소의 왼쪽, 대각선 왼쪽, 위쪽에 0을 더한다. 예상대로, 0을 충분히 추가하면 원하는 크기로 영상을 확장할 수 있다. 그런 다음, 이 새로운 영상을 보폭 1, SAME 패딩으로 **conv2d**로 컨볼루션하면, 새로운 8

```
mnist = input_data.read_data_sets("MNIST_data")

orgI = tf.placeholder(tf.float32, shape=[None, 784])
I = tf.reshape(orgI, [-1,28,28,1])
smallI = tf.nn.max_pool(I,[1,2,2,1],[1,2,2,1],"SAME")
smallerI = tf.nn.max_pool(smallI,[1,2,2,1],[1,2,2,1],"SAME")
feat = tf.Variable(tf.random_normal([2,2,1,1],stddev=.1))
recon = tf.nn.conv2d_transpose(smallerI, feat,[100,14,14,1],
                                              [1,2,2,1],"SAME")
loss = tf.reduce_sum(tf.square(recon-smallI))
trainop = tf.train.AdamOptimizer(.0003).minimize(loss)

sess = tf.Session()
sess.run(tf.global_variables_initializer())

for i in range(8001):
    batch = mnist.train.next_batch(100)
    fd={orgI:batch[0]}
    oo,ls,ii,_ =sess.run([smallI,loss,recon,trainop],fd)
```

그림 7.4 Mnist 영상에 대한 전치 컨볼루션

× 8 영상이 된다.

따라서 동일한 크기의 영상은 얻지만 영상 안에 적절한 값이 들어갈까? 이것이 어떻게 될 수 있는지를 보기 위해 그림 7.4는 컨볼루션으로 업샘플링을 하기 위한 TF 코드를 제공한다. 먼저 Mnist 영상을 다운샘플링한 다음 컨볼루션을 사용하여 업샘플링한다. 다운샘플링은 두 단계로 수행된다.

```
smallI=tf.nn.max_pool(I,[1,2,2,1],[1,2,2,1],"SAME")
smallerI=tf.nn.max_pool(smallI,[1,2,2,1],[1,2,2,1],"SAME")
```

첫 번째 명령문을 수행하면 2 × 2 패치가 패치 안의 가장 높은 화소값으로 변환되어서 14 × 14 버전의 영상이 만들어진다. 숫자 "7"의 14 × 14 영상 예는 그림 7.5의 왼쪽 영상을 참조하라. 두 번째 명령문은 더 작은 7 × 7 버전의 영상을 만든다. 그림 7.4의 다음 두 줄(feat, recon)은 그림 7.5의 오른쪽 영상과 같이 7 × 7 영상을 다시 14 × 14로 업샘플링하여 재구성한 recon을 만든다. 그림 7.5의 오른쪽은 컨볼

```
                                                6  6  2  2  5  5  6  6
      9  9        4  5  9  9                     5  6  2  2  5  5  5  6
   9  9  9  9  9  9  9  9  9      6  6  6  6  6  6  6  6  6  6
   9  9  9  9  9  9  9  7      5  6  5  6  5  6  5  6  5  6
   8  8           9  9  9      5  5  5  5  6  6  6  6
                  9  9  5      5  5  5  5  5  6  5  6
               6  9  9                        6  6  6  6
               8  9  9                        5  6  5  6
               9  9  7               1  1  6  6  4  4
      1  9  9  1               1  1  5  6  4  4
      4  9  9                  2  2  6  6
      1  9  4                  2  2  5  6
```

그림 7.5 14 × 14 Mnist 영상(숫자 7)과 7 × 7 영상을 업샘플링한 영상

루션을 이용하여 다운샘플링된 후에 업샘플링된 영상을 보여 준다. 우리는 숫자가 들어 있는 영상으로 시작했기 때문에 영상이 어떻게 변환되는지 더 잘 알 수 있다. 그림 7.5에서 우리는 재구성이 거의 완벽하지 않지만 기본적으로 작동한다는 것을 알 수 있다. (그림의 윤곽을 선명하게 하기 위해 그림에서 0을 공백으로 바꿨다.)

그림 7.4의 핵심은 conv2d_transpose 호출이다. conv2d_transpose 함수는 주로 다음과 같은 conv2d 함수 호출 결과를 역변환하기 위해 사용된다.

```
tf.nn.conv2d(img,filts,[1,2,2,1],"SAME")
```

이 호출은 conv2d_transpose가 업샘플링한 영상을 다운샘플링한다. 전치 버전에 있는 세 번째 인수를 무시하면 두 함수에 대한 인수는 정확히 동일하다. 그러나 인수의 의미가 같은 것은 아니다. 두 경우 모두, 첫 번째 인수는 조작할 4D 텐서이고 두 번째 인수는 사용할 컨볼루션 필터 뱅크이다. 그러나 보폭과 패딩 인수에 관계없이 conv2d_transpose는 보폭 1과 SAME 패딩을 사용한다. 그림 7.3에서와 같이 모든 여분의 0값을 추가하려면 어떻게 해야 할까? 예를 들어, 그림 7.3과 같이 2의 보폭으로 인한 수축을 만회하려면 일반적으로 모든 실제 화소에 3개의 추가적인 0 화소를 추가하여야 한다.

```
 0    0    0    0    1   -1    1   -1    1   -1
 0    0    0    0   -1    0   -1    0   -1    0
 0   -1    1   -1    1   -1    0   -1    0    0
-1    0   -1    0   -1    0   -1    0    0    0
 0    0    1   -1    1   -1    1   -1    0   -1
 0    0   -1    0   -1    0   -1    0   -1    0
 0   -1    0   -1    0    0    1   -1    1   -1
-1    0   -1    0    0    0   -1    0   -1    0
 1   -1    1   -1    1   -1    1   -1    0    0
-1    0   -1    0   -1    0   -1    0    0    0
 0    0    0    0    0    0    0    0    0    0
 0    0    0    0    0    0    0    0    0    0
```

그림 7.6 0번째 학습 예제에서 업샘플링된 Mnist 숫자

```
recon = tf.nn.conv2d_transpose(smallerI, feat, [100,14,14,1],
    [1,2,2,1], "SAME")
```

conv2d_transpose의 출력 영상 크기를 결정하기 위하여 우리는 conv2d_transpose의 세 번째 인수로 우리가 원하는 출력 영상의 크기를 전달한다. 그림 7.4에서 이것은 [100, 14, 14, 1]이다. 100은 배치 크기이며 14 × 14 출력 영상과 하나의 채널을 지정한다. 이들 모호성은 모두 SAME 패딩에서 보폭이 1보다 큰 경우에 발생한다. 예를 들어, 7 × 7과 8 × 8의 두 영상을 고려하자. 이들 영상을 다운샘플링하면 두 경우 모두 보폭이 2이고 패딩이 SAME이면 크기 4의 영상으로 종료된다. 이 영상을 업샘플링하기 위하여 conv2d_transpose를 호출하면 conv2d_transpose는 7 × 7과 8 × 8 출력 영상 중 어느 것이 사용자의 의도인지를 알 수 없다.

이 시점에서 우리는 원하는 업샘플링 효과를 얻는 방식으로 입력을 채우는 데 집중했다. 어떻게 필터가 이 작업을 처리하느냐는 신경 쓰지 않았다. 실제로, 학습을 시작할 때 처리하지 않는다. 그림 7.6은 0번째 학습 예제에서 업샘플링된 영상을 보여준다. 그림에서 가장 두드러진 가시적인 효과는 0과 −1의 교대이다. 이것은 의심할 여지 없이 conv2d_transpose에 공급된 영상에서 0의 패딩값과 실제 화소값의 차

이에서 발생하는 인위적인 값이다. 전치 컨볼루션이 어떻게 올바른 값을 찾는지에 대한 수학적 이론이 있지만, 일단 우리의 목적을 위해서는 필터와 역전파가 이것을 수행한다고 알면 된다.

오토 인코딩을 위하여 `conv2d_transpose`를 사용하는 것은 완전히 연결된 오토 인코딩과 아주 유사하다. 이 경우에는 `conv2d`를 사용하는 하나 이상의 다운샘플링 계층이 있고, 다운샘플링은 최대 풀링 또는 평균 풀링으로 구현된다. 또 `conv2d_transpose`를 사용하는, 동일한 개수의 업샘플링 계층이 존재한다.

7.3 변형 오토 인코딩

변형 오토 인코더(*variational autoencoder*, VAE)는 오토 인코더의 하나의 변형이나. VAE의 목적은 입력 영상을 정확하게 재현하는 것이 아니라, 동일한 유형이지만 약간 다른 영상을 만드는 것이다. 베이지안 기계 학습의 주제인 **변분법**(*variational method*)에서 이름을 얻었다. 우리는 다시 친숙한 Mnist 데이터 집합으로 넘어간다. VAE의 목표는 Mnist 숫자 영상을 입력한 후에, 유사하지만 새로운 영상을 얻는 것이다.

새로운 영상이 눈에 띄게 달라야 한다는 조건만 없으면, 앞의 오토 인코딩만 가지고 이 문제를 거의 해결할 수 있다. 그림 1.1과 "7"의 AE 재구성인 그림 7.2를 다시 비교해 보자. 당시 우리는 그것들이 얼마나 비슷한지에 대하여 자랑했지만 물론 이들은 완전히 동일하지 않다. 그러나 AE의 출력을 회색조로 출력하면 그림 1.2와 구분하기가 매우 어려워진다.

또한 어떤 사람은 제곱 오차 손실을 가진 표준 AE는 우리가 원하는 것이 아니라고 생각할 수 있다. 그림 7.7에서 세 개의 7 × 7 영상을 살펴보자. 상단은 작은 크기의 숫자 1 영상이고 다른 두 개는 첫 번째 영상을 재구성한 영상이다. 이 중 첫 번째 재구성 영상은 원본과 비슷해 보이지만 숫자가 두 화소만큼 이동되었기 때문에 겹치는 값이 없으며 그림 7.7의 상단 영상과 비교할 때 제곱 오차는 10이다. 또한 오른쪽 하단 영상은 원본 영상과 상당히 다르지만 제곱 오차의 합은 불과 2이다. 따라서 제

```
0  0  0  0  0  0  0
0  0  1  0  0  0  0
0  0  1  0  0  0  0
0  0  1  0  0  0  0
0  0  1  0  0  0  0
0  0  1  0  0  0  0
0  0  0  0  0  0  0
```

```
0  0  0  0  0  0  0        0  0  0  0  0  0  0
0  0  0  0  1  0  0        0  0  1  0  0  0  0
0  0  0  0  1  0  0        0  0  0  0  0  0  0
0  0  0  0  1  0  0        0  0  0  0  0  0  0
0  0  0  0  1  0  0        0  0  1  0  0  0  0
0  0  0  0  1  0  0        0  0  1  0  0  0  0
0  0  0  0  0  0  0        0  0  0  0  0  0  0
```

그림 7.7 원본 영상과 2개의 재구성된 영상

곱 오차 손실은 실제로 우리 작업에 적합하지 않다. 그러나 VAE의 작동 방식에 집중하기 위해 이 의견을 잠시 옆에 두자. 나중에 이 문제로 돌아와서 VAE가 이 문제를 해결하는 방법을 살펴보자.

우리가 작성한 AE 프로그램의 내부를 살펴보면, 영상을 입력한 후에 난수로 구성된 벡터를 생성하고, 이 난수 벡터가 원본 영상과 새로운 영상 사이의 차이를 제어한다. 만약 우리가 동일한 입력 영상과 동일한 난수를 신경망에 입력하면 우리는 동일한 변형 영상을 얻는다. 만약 우리가 학습 후에 입력 영상을 삭제한다면, 출력 영상은 특정 영상의 변형이 아니라 전체적으로 동일한 스타일의 완전히 새로운 영상이라고 간주할 수 있다. 이것은 일반적으로 숫자 영상 중 하나처럼 보이겠지만 AE의 동작에 따라 그렇지 않을 수도 있다. 그림 7.10에서 우리는 몇 가지 예제 영상을 볼 수 있다.

VAE 구조가 그림 7.8에 나와 있다. 그림의 맨 아래에 입력 영상이 있으며 인코더로 제공된다. 그런 다음 인코딩된 정보는 두 개의 실수 벡터 σ 및 μ를 만드는 데 사용된다. 이어서 난수 $\mathbf{r}$의 벡터를 생성하고 $\mu + \sigma\mathbf{r}$을 계산하여 새로운 영상 임베딩을 구성한다. 여기서 μ는 원본 영상의 임베딩으로 생각할 수 있으며, $\sigma\mathbf{r}$으로 영상을 흔

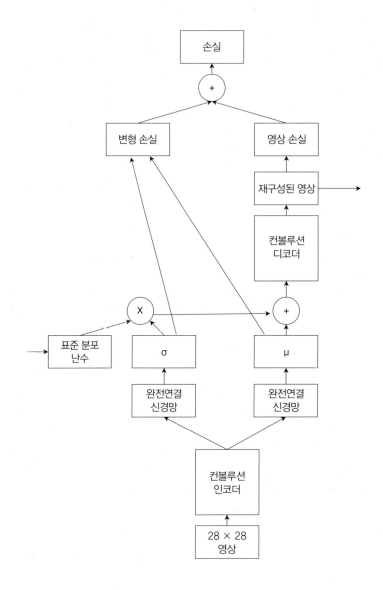

그림 7.8 변형 오토 인코더의 구조

들어서, 원본에 가깝지만 너무 근접하지 않은 다른 임베딩을 얻는다. 이 수정된 임베딩은 표준 디코더를 통해 새로운 영상을 생성한다. 학습 중이 아니라면, 이 새로운 영상이 사용자에게 출력된다. 학습 중인 경우에는 새로운 영상이 "영상 손실" 계층에 공급된다. 영상 손실 함수는 원본 영상과 새로운 영상의 화소 차이의 제곱이다. 따라서

VAE에서 출력 영상을 변형시키는 입력은 **r**이다. 우리가 동일한 입력 영상과 동일한 난수 벡터를 입력하면 동일한 출력 영상이 생성된다.

약간 다르게 말하면, μ는 입력 영상의 기본 인코딩된 버전이며, σ는 입력 영상을 변화시키려고 하지만 여전히 "인식 가능한" 버전을 생성하는 한계값을 나타낸다. σ와 μ는 모두 길이가 10인 실수 벡터이다. 예를 들어서 $\mu[0] = 1.12$인 경우, 인코딩된 영상의 임베딩은 첫 부분에 1.12에 가까운 숫자를 가져야 한다. 1.12는 $\sigma[0]$에 의해 제어된다. $\sigma[0]$이 크면 인코딩된 영상의 임베딩의 첫 부분을 상당히 변경할 수 있다. $\sigma[0]$이 작으면 그렇지 않다.

그러나 여기에는 큰 문제가 있다. 우리는 어떻게든 인코더에서 얻는 σ와 μ를 조합한 $\mu + \mathbf{r} * \sigma$가 합리적인 영상 인코딩이라고 가정했다. 손실이 제곱 오차인 경우 우리는 원하는 결과를 얻지 **못한다**. 이것은 앞에서 언급한 바 있다.

이것을 해결하려면 상당한 수학이 필요하다. 따라서 우리는 독자에게 손실 함수에 대한 약간의 변화를 수용하도록 요청한다. VAE에서는 총 손실이 2개의 손실로 이루어진다. 하나는 원본 영상 화소와 재구성된 영상 화소 사이의 오차를 제곱한 손실이다. 우리는 이것을 **영상 손실**(*image loss*)이라고 부른다.

손실의 두 번째 요소는 **변형 손실**(*variational loss*)이다.

$$L_v(\mu, \sigma) = -\sum_i \frac{1}{2}(1 + 2\sigma[i] - \mu[i]^2 - e^{2\sigma[i]}) \tag{7.4}$$

이는 하나의 예제 영상에 대한 것이며 σ 및 μ의 요소끼리 계산된다. (이 둘은 모두 벡터라는 것을 기억하자.) 이것을 쉽게 이해하기 위해, 먼저 σ를 0으로 하였다가, 이어서 μ를 0으로 설정하면 식이 어떻게 변화되는지 살펴보자.

$$L_v(\mu, 0) = \mu^2 \tag{7.5}$$

$$L_v(0, \sigma) = -\frac{1}{2} - \sigma + \frac{e^{2\sigma}}{2} \tag{7.6}$$

첫 번째 수식에서 신경망이 평균값 $\mu = 0$을 유지하도록 압박을 가하고 있음을 알 수 있다. 물론 영상 손실은 이 압박에 약간의 영향을 미치지만, L_v의 항들은 $\mu \approx 0$을 원한다.

두 번째 수식은 σ를 1에 가깝게 유지한다. σ가 1보다 작으면 $L_v(0, \sigma)$의 두 번째 항이 지배하고 우리는 σ를 증가시켜 손실을 줄일 수 있다. 반면에 σ가 1보다 큰 경우, 세 번째 항은 꽤 빨리 커지기 시작한다.

이것이 정규 분포처럼 보이는 것은 우연의 일치가 아니다. 우리가 수학을 사용하였다면 (a) 왜 영상 인코딩을 정규 분포처럼 만드는 것이 좋은지, 그리고 (b) 변형 손실이 왜 $\sigma = 1$에서 최소가 되지 않는지를 이해했을 것이다. 앞에서 이야기한 대로 전체 손실 계산에 이 두 번째 손실 함수를 추가하면 우리가 원하는 것을 얻을 수 있다. 실제 Mnist 영상을 신경망으로 공급하면 σ 및 μ가 계산되고, 출력 영상 I'들은 다음과 같은 인코딩을 생성한다. 이들은 모두 원본 영상과 약간씩만 다른 새로운 영상이 된다.

$$I' = \mu + \mathbf{r}\sigma \qquad (7.7)$$

여기서 $\mathbf{r}$은 표준 정규 분포에서 생성된 난수로 구성된 벡터이다.

제곱 오차 손실을 사용하는 표준 AE가 실제로 VAE에 설정한 목표를 달성하지 못하는 문제로 돌아가 보자. 이것은 상당히 다른 영상을 생성하면서도 동시에 유사한 영상을 생성하는 문제이다. 그림 7.7에서는 숫자 1에 대한 2개의 재구성 영상을 보여주고 있다. 하나는 수평으로 2 화소만큼 평행이동 되었고, 하나는 수직 스트로크의 중간에 있는 2개의 화소가 누락되었다. 제곱 오차 손실에 따르면 두 번째 영상이 더 비슷하지만, VAE의 요건으로 따지면 첫 번째 영상이 더 좋은 영상이다. 두 번째 영상은 그렇지 않다. 제대로 작동하는 VAE면 이러한 어려움을 극복해야 한다. 어떻게 하면 좋을까?

첫째, VAE를 학습시킬 때는 우리는 제곱 오차 손실을 사용한다. 하지만 VAE는 원본 영상을 의도적이고 임의로 변경해야만 재구성할 수 있기 때문에, 본질적으로 더 큰 제곱 오차 손실을 수용해야 한다. 다음으로 이 임의성은 VAE 아키텍처의 중간에 있는 영상 인코딩 과정에서 이루어진다. 보통 이곳이 최적의 장소라고 한다.

AE에 대한 논의에서 알 수 있었지만, AE는 입력 영상들의 공통점을 찾아서 차

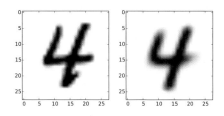

그림 7.9 원본 영상과 VAE로 재구성된 영상

원 축소를 달성한다. AE는 공통적인 특징을 찾아서 영상 임베딩을 작성하고, 차이점만을 언급한다. 이것은 상당히 합리적인데, Mnist 숫자들은 위치가 약간씩 다르게 나타난다. 이 경우, 인코딩을 작게 만들기 위한 한 가지 방법은 인코딩의 실수 중 하나가 숫자의 수평 위치를 나타내도록 하는 것이다. 만약 숫자의 수평 위치를 인코딩하는 실수가 있다면, 그림 7.7의 아래쪽에 있는 왼쪽 영상이 실제로는 원본 영상과 매우 가깝다는 것을 쉽게 알 수 있다. 하나의 인코딩 요소에서만 차이가 나기 때문이다. (하지만 실제로는 20개의 실수 중에서 수평 위치를 나타내는 실수가 있다는 것은 가정이다. 실수의 개수가 20개뿐이기 때문에 하나의 실수를 사용해 버리는 것은 상당한 낭비이다. 최종적인 결정은 AE가 한다.)

어쨌든 VAE는 실제로 작동한다. 그림 7.9는 원본 Mnist 숫자 4와 새로운 버전을 보여 준다. 간단히 보더라도 이들이 다르다는 것은 쉽게 알 수 있다. 실제로 상당히 차이가 있는데 이것은 VAE에는 전형적인 것이다. 재구성 영상은 약간 구별하기 힘들다. 약간 흐려진 4라고 할 수 있다. 가장 눈에 띄는 것은, 원본 영상에는 아래에 수직 삐침이 있는데 재구성된 영상에서는 완전히 누락되어 있다.

지금까지 입력 영상과 유사하지만 눈에 띄게 다른 영상을 생성하는 문제를 고려했다. 그러나 우리는 앞서 하나의 영상이 아니고 같은 유형의 여러 영상이 주어지면 VAE가 더 자유롭게 작업할 수 있다고 언급했다. VAE는 유형이 동일한 영상들을 받아서 그 유형의 새로운 영상을 생성할 수 있다. 이것은 아주 어려운 문제이지만 VAE는 많이 변경하지 않아도 된다. 실제로 학습 과정은 동일하다. 유일한 차이점은 VAE를 사용하는 방법이다. 아주 새로운 영상을 생성하기 위해 VAE는 표준 확률 분포에

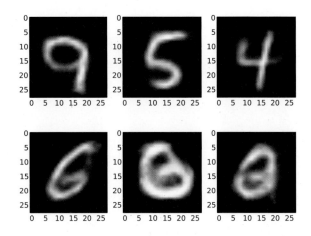

그림 7.10   완전히 새로 생성된 VAE Mnist 숫자

서 다시 난수를 생성하지만, 이번에는 `feed_dict`를 통해 전체 영상 인코딩으로 사용되도록 삽입한다. 그림 7.10은 그림 7.9의 예제를 생성한 동일한 프로그램의 결과이지만 이번에는 흉내 낼 입력 영상이 없었다. 영상 중 4개는 Mnist와 비슷한 숫자이지만 오른쪽 아래 2개의 영상은 "3" 또는 "8"인 것으로 보인다. 더 강한 모델, 더 많은 학습 에포크, 하이퍼 매개변수에 더 많은 주의를 기울이면 훨씬 더 나은 결과를 얻을 수 있을 것이다.

VAE를 떠나기 전에 식 (7.4)의 변형 손실을 더 잘 이해하고 싶은 사람들을 위한 몇 마디가 있다. 우리는 원본 영상 I를 기반으로 새로운 영상 I'을 생성한다. 이를 위해 우리는 축소된 표현 $z = C(I)$를 생성하기 위해 컨볼루션 인코더 C를 사용한다. 여기서 우리는 $\Pr(z \mid I)$과 $\Pr(z)$의 두 확률 분포에 집중하자. 우리는 둘 다 정규 분포라고 가정한다.

여러분이 마지막 문장에서 이 문장으로 아무 생각 없이 넘어왔다면, 여러분은 열심히 생각하지 않거나 나보다 훨씬 똑똑한 것이다. 어떻게 실제 영상처럼 복잡한 것에 대한 확률 분포를 간단히 가정할 수 있을까? 또는 심지어 MNIST 숫자라고 하더라도 정규 분포만큼 간단할까? 아마 n-차원 표준 분포가 될 것이다. 여기서 n은 컨볼루션 인코더 C에 의해 생성된 영상 표현의 차원이지만, n-차원 표준 분포조차도 매우 간단한 것이다. 2차원 표준 분포는 종 모양이다.

염두에 두어야 할 핵심 아이디어는 $\Pr(z)$는 원본 영상이 아니라 $C(I)$ 표현을 기반으로 하는 확률 분포라는 것이다. 숫자의 중심이 영상의 중심에서 얼마나 멀리 떨어져 있는지를 나타내는 요소를 영상 표현이 가지고 있다면 그림 7.7의 상단에 있는 숫자 "1"은 그림 7.7의 오른쪽 하단 숫자와 매우 유사한 표현을 가질 것이다. 영상 표현 벡터의 모든 매개변수가 이와 같은 숫자가 되도록 하였다고 가정하자. 즉, 우리가 하나의 영상이 다른 영상과 구별되는 아주 기본적인 숫자를 찾을 수 있었다고 하자. 예를 들어서 "다운 스트로크 위치" 또는 "원의 지름"("8"의 경우) 등일 수 있다. 8에서 맨 위에 있는 원의 지름은 일반적으로 12 화소일 수 있지만, 상당히 크거나 작을 수도 있다. 이 경우 평균 12의 표준 편차 3인 표준 분포로 이 매개변수의 변동을 설명하는 것이 합리적이다. $\Pr(z \mid I)$에도 유사한 추론이 적용된다. 영상이 주어지면 우리는 VAE가 유사하지만 서로 다른 많은 영상을 생성하기를 원한다. 우리는 원의 지름이 8에 대한 표준 확률 분포에서 난수를 생성하여 사용할 수도 있는 것이다.

식 (7.4)의 변형 손실 함수의 유도까지는 여전히 많은 단계가 있지만, 우리는 그 중 하나만 더 설명하고자 한다. 우리는 더 나아가 $\Pr(z)$가 표준 정규 분포, $\mu = 0$과 $\sigma = 1$을 갖는 정규 분포 $N(0, 1)$이라고 가정한다. 다른 한편으로, 우리는 인코더의 출력도 정규 분포라고 가정한다. 이 정규 분포의 평균과 표준 편차는 입력 영상에 의존한다. 즉, $N(\mu(I), \sigma(I))$가 된다. 이것은 (a) 그림 7.8의 인코더가 μ와 σ로 표시된 두 개의 값으로 연결되는 이유와 (b) 랜덤 변형을 얻기 위해 우리가 표준 정규 분포에 따라 숫자를 선택한 이유를 설명한다.

마지막 단계로 가자. 확률 분포 중 하나가 표준이고 다른 하나는 아니라는 가정은 일반적으로 만족될 수 없다. 우리는 단지 불일치를 최소화할 수 있을 뿐이다. 우리는 적절한 μ와 σ를 자유롭게 선택하여 영상 손실 항을 줄여 가면서 입력 영상에 더 가깝게 모델링할 수 있다. 다른 한편으로, 우리는 그 값들이 가능한 한 0과 1에 가깝게 되기를 원하며, 여기에 변형 손실 항이 영향을 끼친다.

이것을 다시 말하면, 두 확률 분포 $N(0, 1)$과 $N(\mu(I), \sigma(I))$ 사이의 차이를 최소화하고 싶다는 의미가 된다. 두 확률 분포 사이의 차이를 측정하는 표준 척도는 K-L

발산($Kullback\text{-}Leibler\ divergence$)이다.

$$D_{KL}(P \parallel Q) = \sum_i P(i) \log \frac{P(i)}{Q(i)} \tag{7.8}$$

예를 들어, 모든 i에 대해 $P(i) = Q(i)$인 경우 두 비율은 항상 1이고 $\log 1 = 0$이다. 따라서 VAE의 목표는 영상 손실을 최소화하면서 동시에 $D_{KL}(N(\mu(I),\ \sigma(I)) \parallel N(0,\ 1))$을 최소화하는 것이다. 다행스럽게도 후자를 최소화하는 닫힌 형태의 솔루션이 있으며, 더 많은 대수학을 사용하면 우리가 위에서 제시한 변형 손실 함수로 이어진다.

7.4 GAN

GAN($generative\ adversarial\ network$)은 비지도 신경망 모델의 일종으로 두 개의 신경망 모델이 서로 경쟁하는 모델이다. 첫 번째 신경망(생성자, $generator$)은 Mnist 숫자를 새로 생성한다. 두 번째 신경망(판별자, $discriminator$)에서는 생성자의 출력을 받거나 실제 Mnist 예제 영상을 받는다. 판별자 신경망의 출력은, 입력이 생성자에서 나온 것이 아니고 실제 예제 영상에서 나왔을 확률의 추정치이다. 판별자의 결

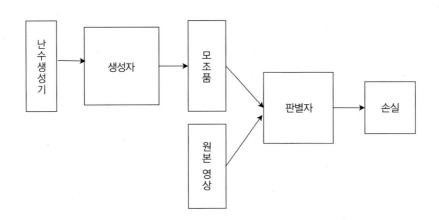

그림 7.11 GAN의 기본 구조

정은 두 모델에 대한 오류 신호로서 서로 "반대 방향"으로 작용한다. 즉, 만약 판별자가 올바르게 판단하였다면 이것은 생성자에 대한 큰 오류를 의미하고, 만약 판별자가 속은 거라면 이것은 판별자에 대한 큰 손실이 된다.

일반적으로 AE와 마찬가지로 GAN은 정답 레이블 없이 입력 데이터의 구조를 학습할 수 있다. 또한 VAE와 마찬가지로 GAN은 기존 유형의 새로운 변형을 생성할 수 있다. 하지만 원칙적으로는 어떤 것도 가능하다. GAN은 어떤 의미에서는 보편적인 손실 함수(universal loss function)이기 때문에 딥러닝에서 중요한 주제가 되고 있다. 그림, 텍스트, 계획 결정 등에서 데이터를 추출할 수 있으면, 동일한 기본 손실 함수를 사용하여 GAN이 학습할 수 있다.

GAN의 기본 구조가 그림 7.11에 나와 있다. 작동 방식을 이해하기 위해 간단한 예를 들어 보자. 판별자에게 한 번에 두 개의 숫자가 제공된다. 하나는 "실제" 데이터로서, 예를 들어 평균 5와 표준 편차 1을 갖는 정규 확률 분포에 의해 생성되는 숫자라고 하자. 이들 숫자는 대부분 3과 7 사이일 것이다. "가짜" 숫자는 생성기 신경망에 의해 생성된다. 생성기 신경망은 단층 신경망이다. 생성기에는 임의의 숫자가 주어지며 −8에서 +8 사이의 숫자일 수 있다. 판별자를 속이려면 난수를 수정하여 아마도 3에서 7 사이로 나오도록 학습하여야 한다. 초기에 생성자 신경망은 0에 가까운 매개변수를 가지므로 실제로는 대부분 0에 가까운 숫자를 생성할 것이다.

GAN은 지금까지 다루지 않은 TF의 여러 코드를 사용한다. 그림 7.12에서 간단한 GAN에 대한 전체 코드를 제공한다. 우리는 코드의 설명을 위하여 코드의 각 섹션에 번호를 매겼다.

먼저, GAN을 훈련시키는 섹션 7을 보자. 우리가 5001번 반복하도록 설정한 기본 학습 루프를 보자. 우리가 하는 첫 번째 일은 실제 데이터(5 근처의 난수)와 생성자에 공급하기 위해 −8과 8 사이의 난수를 생성하는 것이다. 그런 다음 먼저 판별자를 업데이트한 후에 생성기를 업데이트한다. 마지막으로 500회 반복할 때마다 추적 데이터를 출력한다.

이것을 높은 수준에서 살펴보자. 우리는 판별자가 방금 본 숫자가 실제 확률 분포에서 나올 확률을 나타내는 단일 숫자(o)를 출력하기를 원한다. 코드의 섹션 3을 간

```
bSz, hSz, numStps, logEvery, genRange = 8, 4, 5000, 500, 8

1 def log(x): return tf.log(tf.maximum(x, 1e-5))

2 with tf.variable_scope('GEN'):
     gIn = tf.placeholder(tf.float32, shape=(bSz, 1))
     g0=layers.fully_connected(gIn, hSz, tf.nn.softplus)
     G=layers.fully_connected(g0,1,None)
gParams =tf.trainable_variables()

3 def discriminator(input):
     h0 = layers.fully_connected(input, hSz*2,tf.nn.relu)
     h1=layers.fully_connected(h0,hSz*2, tf.nn.relu)
     h2=layers.fully_connected(h1,hSz*2, tf.nn.relu)
     h3=layers.fully_connected(h2,1, tf.sigmoid)
     return h3

4 dIn = tf.placeholder(tf.float32, shape=(bSz, 1))
with tf.variable_scope('DIS'):
     D1 = discriminator(dIn)
with tf.variable_scope('DIS', reuse=True):
     D2 = discriminator(G)
dParams = [v for v in tf.trainable_variables()
                 if v.name.startswith('DIS')]

5 gLoss=tf.reduce_mean(-log(D2))
dLoss=0.5*tf.reduce_mean(-log(D1) -log(1-D2))
gTrain=tf.train.AdamOptimizer(.001).minimize(gLoss, var_list=gParams)
dTrain=tf.train.AdamOptimizer(.001).minimize(dLoss, var_list=dParams)

6 sess = tf.Session()
sess.run(tf.global_variables_initializer())

7 gmus,gstds=[],[]
for i in range(numStps+1):
     real=np.random.normal(5, 0.5, (bSz,1))
     fakeRnd= np.random.uniform(-genRange,genRange,(bSz,1))
     #update discriminator
     lossd,gout,_ = sess.run([dLoss,G,dTrain],{gIn:fakeRnd, dIn:real})
     gmus.append(np.mean(gout))
     gstds.append(np.std(gout))
     # update generator
     fakeRnd= np.random.uniform(-genRange,genRange,(bSz,1))
     lossg, _ = sess.run([gLoss, gTrain], {gIn:fakeRnd})
     if i % logEvery == 0:
         frm=np.max(i-5,0)
         cmu=np.mean(gmus[frm:(i+1)])
         cstd=np.mean(gstds[frm:(i+1)])
         print('{}:\t{:.3f}\t{:.3f}\t{:.3f}\t{:.3f}'.
             format(i, lossd, lossg, cmu, cstd))
```

그림 7.12 표준 분포의 평균을 학습하는 GAN

략히 살펴보자. 함수 discriminator를 실행하면 4-계층의 완전히 연결된 순방향 신경망이 생성된다. 처음 3개의 계층은 relu 활성화 함수를 가지고 있으며 마지막은 시그모이드를 사용한다. 시그모이드는 0과 1 사이의 숫자를 출력하기 때문에 앞에서 언급했듯이 확률을 생성하는 데 좋다. 출력은 입력이 실제 분포에서 나온 값일 확률로 해석된다. 이것은 우리의 손실 함수 선택에 영향을 끼친다. 우리는 교차 엔트로피 손실을 사용한다.

판별자에 실제 정규 분포(n_r)에서 숫자를 공급하면 손실은 판별자 출력 o_r의 음의 로그이다. 판별자가 생성된 가짜 수를 공급하면 손실은 $\ln(1 - o_f)$이다. 그림 7.12 섹션 7의 학습 루프에서는 먼저 몇 개의 실제 숫자를 생성한 후에, 생성자로 몇 개의 난수가 보내진다. "#update discriminator"라는 주석 바로 아래에 우리는 Adam 최적화 함수에 두 가지를 모두 제공한다. 판별자 손실 함수 L_d는 다음과 같이 정의된다.

$$L_d = \frac{1}{2}(-\ln(o_r) - \ln(1 - o_f)) \qquad (7.9)$$

손실 및 학습 코드가 있는 섹션 5를 보면 식 (7.9)에서와 같이 판별자 손실이 정의된 것을 볼 수 있다. 여기 o_r은 판별자가 입력이 실제 값이라고 믿는 정도이다. 반대로, 손실에는 또한 위조된 가짜 숫자(o_f)가 실제라고 믿는 판별자를 처벌하는 항도 포함된다.

따라서 첫 번째 학습 예제에서 어떤 일이 발생할 수 있는지 생각해 보자. 이미 언급했듯이 생성자는 0과 유사한 숫자 0.01을 출력한다. 정규 분포에 추출된 값은 3.8일 수 있다. 그러나 판별자의 매개변수가 0에 가깝게 초기화되었기 때문에 o_r와 o_f도 0에 가까운 수가 된다. 따라서 초기에 L_d는 o_r와 o_f가 0에 가까울수록 무한대가 된다. GAN에서는 항상 손실 함수의 값이 0에서 무한대 사이가 된다. (앞에 마이너스 기호가 없다면 0에서 음의 무한대가 된다.) 하지만 학습이 진행됨에 따라 프로그램은 점차적으로 0에 가까운 확률을 할당하지 않게 될 것이다.

손실 함수의 미분이 어떻게 판별자 신경망의 매개변수에 영향을 미치는가가 더 중요하다. 1장의 단일 계층 신경망을 되돌아보면 가중치의 미분이 입력에 비례한다는 것을 알 수 있다(식 1.22). 약간의 수학을 통해서 우리는 판별자에게 실제 값을 줄

때 가중치가 값(예, 3.8)에 비례하여 증가된다는 것을 알 수 있다. 반대로, 생성자가 만든 위조된 값을 학습할 때 동일한 가중치가 아래로 이동하지만 0.01에 불과하다. 판별자가 더 높은 입력 값이 실제 값이라고 점차 믿게 된다.

다음으로 프로그램이 생성자의 성능을 어떻게 평가해야 하는지 살펴보자. 생성자는 판별자를 속이기를 바란다. 판별자가 생성자가 만든 숫자를 가짜가 아닌 실제 숫자로 생각하기를 원한다는 의미이다. 따라서 생성자의 손실 L_g는 다음과 같아야 한다.

$$L_g = -\ln(o_f) \tag{7.10}$$

독자는 GAN 코드 섹션 5의 첫 번째 줄이 생성자의 손실을 정확히 이 방식으로 정의하는지 확인해 보자.

우리가 지금까지 말한 것을 요약해 보자. 섹션 7의 학습 루프는 먼저 판별자에게 진짜 숫자와 가짜 숫자를 주어서 학습시킨다. 손실 함수는 양방향으로의 오류를 처벌한다. 그런 다음 판별자가 생성자의 가짜를 얼마나 잘 식별하는지에 따라 생성자를 훈련시킨다.

실제로는 상황이 조금 더 복잡하다. 먼저, 섹션 4에서는 판별자를 설정하기 위해 코드를 두 번 호출한다. 그 이유는 TF에서 단일 신경망에 두 개의 다른 소스를 공급할 수 없기 때문이다. 두 개의 텐서를 결합하여 하나의 신경망에 공급할 수는 있다. 그래서 우리는 두 개의 판별자를 만든다. 첫 번째 판별자 D1에는 실제 분포에서 숫자가 공급되는 반면, 두 번째 판별자는 생성기 D2로부터 가짜 숫자를 받는다.

물론, 우리는 실제로 두 개의 개별 신경망을 원하지 않기 때문에 이를 통합하기 위해 두 신경망이 동일한 매개변수를 공유하여 정확히 동일한 함수를 계산하고 단일 버전보다 더 많은 공간을 차지하지 않아야 한다. 이것은 섹션 4에서 볼 수 있는 `tf.variable_scope` 호출의 목적이다. 우리는 먼저 5장에서 이 TF 기능을 사용했다. 5장에서는 두 개의 LSTM 모델이 필요했으며 이름 충돌을 피해야 했다. 따라서 2개의 범위 "enc"(인코더)와 "dec"(디코더)를 정의하고 이 안에 각각 신경망 모델을 정의했다. 이 중 첫 번째로 정의된 모든 변수는 이름 앞에 "enc"가 붙고 두 번째에는 "dec"이 붙는다. 여기서 우리는 반대의 우려를 가지고 있다. 우리는 두 개의 분리된 변수 집합을 가지지 않기 위해 두 범위 모두에 동일한 이름을 부여하고 두 번째 호출에서 `reuse = True`를 추가하여 동일한 변수를 재사용하도록 TF에 명시적으로 지시한다.

계속 진행하기 전에 처리해야 할 마지막 문제가 있다. 그림 7.12의 섹션 7은 학습 단계에서 먼저 판별자를 훈련한 다음 생성자를 훈련시키는 것을 보여 준다. 또한, 판별자를 훈련시키기 위해 TF에 2개의 난수를 만든다. 첫 번째 난수는 실제 숫자이고 두 번째 난수는 생성자로 입력된다. 그런 다음 생성자를 실행하여 가짜 숫자를 만들고 판별자가 실제 분포에서 오는 것으로 착각하는 확률 o_f을 계산한다. 이것은 식 (7.9)에서 정의된 손실 함수의 일부이다. 그러나 특별한 처리가 없으면 역방향 패스에서 생성자의 매개변수도 수정된다. 즉, 판별자의 손실을 작게 하는 식으로 생성자의 매개변수가 수정된다. 위에서 언급했듯이 이것은 우리가 원하는 것이 아니다. 우리는 판별자의 작업을 더욱 어렵게 하는 방향으로 생성자의 매개변수를 수정하기를 원한다. 따라서 역전파를 수행하고 섹션 5(`dTrain`을 설정하는 행 참조)에서 판별자의 매개변수를 수정할 때, TF에 두 매개변수 중 하나만 변경하도록 지시한다. 이때 `AdamOptimizer`의 이름이 붙여진 인수 `var_list`를 사용한다. 이 인수를 사용하여 옵티마이저에서 리스트에 있는 TF 변수만 수정하도록 지시한다.

매개변수 `gParams` 및 `dParams`가 정의되는 방법에 대해서는 섹션 2와 4를 참조하자. TF 함수 `trainable_variables`는 해당 지점까지 정의된 TF 그래프의 모든 변수를 반환한다.

7.5 참고문헌 및 추가자료

신경망에서 자동 인코딩의 기원은 시간이 지나면 손실될 수도 있을 것 같다. Goodfellow 등의 교과서는 Yann LeCun의 박사 학위 논문 [LeC87]을 해당 주제에 대한 최초 참고문헌으로 인용하고 있다.

이 장에서 언급한 주제 중 신경망 커뮤니티 내에서 뚜렷한 정체성을 얻은 것으로 보이는 첫 번째는 변형 오토 인코더이다. 이 주제의 표준 참조 논문은 Diederik Kingma와 Max Welling의 논문 [KW13]이다. 저자는 Felix Mohr [Moh17]의 블로그가 매우 유용하다는 것을 알았다. 저자의 코드는 그의 코드를 기반으로 한다. 통계적 지식이 있고 VAE 배후의 수학을 배우고자 한다면 Carl Doersch의 VAE 튜토리얼이 좋은 참조 문헌이다[Doe16].

GAN의 기본 사항은 Ian Goodfellow et al. [GPAM+14]의 논문에서 현재의 형태가 되었다. 또한 John Glover의 블로그 [Glo16]에서도 많은 것을 배울 수 있다. 정규 분포를 학습하는 GAN 코드는 그의 코드를 기반으로 하며, [Jan16]에도 그의 언급이 있다.

GAN이 "범용" 손실 함수라는 의견은 Phillip Isola [Iso]의 강연에서 비롯되었다. 그의 강연은 GAN 사용에 중점을 둔 시각적 처리에 대한 비지도 학습을 달성하는 많은 흥미로운 방법을 제시한다.

7.6 연습문제

7.1 완전히 연결된 계층으로 다운샘플링을 수행하는 것을 고려하자. Mnist 숫자는 항상 가장자리 주위에 0의 행을 가진다. AE가 영상 인코딩이 공통 부분을 압축하면서 작동한다는 우리의 의견을 감안할 때, 이것은 학습된 첫 번째 계층의 가중치에 대해 무엇을 의미하는가?

7.2 문제 7.1에서와 같은 상황이라고 하자. 출력 전 마지막 계층의 학습된 가중치에 대해 설명해 보자.

7.3 그림 7.3에 표시된 전치 연산을 수행하는 `conv2d_transpose`을 호출해 보자.

7.4 `img`가 1에서 4까지의 2 × 2 크기의 배열이라고 가정하고, 다음 `conv2d_transpose` 호출의 패딩 버전을 적어 보자.

```
tf.nn.conv2d_transpose(img,flts,[1,6,6,1],[1,3,3,1],"SAME")
```

인수 중에서 형태(shape)를 나타내는 리스트의 첫 번째 요소와 마지막 요소는 무시해도 된다.

7.5 그렇게 중요하지 않지만 왜 그림 7.12에서 GAN 훈련 루프를 5000이 아닌

5001 반복으로 설정했을까?

7.6 그림 7.12의 GAN은 생성된 데이터의 평균과 생성된 데이터의 표준 편차를 모두 출력한다. 실수의 표준 편차를 0.5로 설정했다는 사실에도 불구하고, 각 500번의 반복 후에 출력된 실제 σ는 빠르게 감소하여 0.5 이하로 감소했다. 실제로는 더 낮은 값으로 향하고 있다. 이 GAN 모델이 올바른 σ를 학습하는 데 전혀 압력이 없는 이유와 σ가 실제 값보다 낮은 것이 왜 합리적인지를 설명하라.

부록 A

선별적 해답

| Answers to Selected Exercises |

1장

1.1 a가 첫 번째 훈련 정답 숫자인 경우 해당 예제에 대한 훈련 후 값 b_a만 증가하고 모든 $a' \neq a$에 대해 $b_{a'}$가 감소해야 한다.

1.2 (a) 순방향 통과 로짓수는 각각 $(0.0 * 0.2) + (1 * -0.1) = -0.1$과 $(0 * -0.3) + (1 * 0.4 * 1) = 0.4$이다. 확률을 계산하기 위해 먼저 소프트맥스 분모 $e^{-0.1} + e^{0.4} = 0.90 + 1.50 = 2.40$을 계산한다. 그런 다음 확률은 $0.9/2.4 = 0.38$ 및 $1.5/2.4 = 0.62$이다. (b) 손실은 $-\ln 0.62 = -1.9$. 식 (1.22)에서 $\Delta(0, 0)$은 $x_0 = 0$을 포함하는 항의 곱이 될 것이므로 $\Delta(0, 0) = 0$이다.

1.5 행렬 곱셈을 계산하면

$$\begin{pmatrix} 4 & 7 \\ 8 & 15 \end{pmatrix}. \tag{A.1}$$

그런 다음 오른쪽 벡터를 두 행에 추가하면 다음과 같은 결과를 얻는다.

$$\begin{pmatrix} 8 & 12 \\ 12 & 19 \end{pmatrix} \tag{A.2}$$

1.6 b_j에 대한 2차 손실의 미분은 우리가 교차 엔트로피 손실에 대해 보여 준 것과 거의 동일하게 계산된다.

$$\frac{\partial L}{\partial l_j} = \frac{\partial}{\partial l_j}(l_j - t_j)^2 = 2(l_j - t_j) \tag{A.3}$$

b_j로 l_j를 미분하면 1이므로 다음과 같다.

$$\frac{\partial L}{\partial b_j} = 2(l_j - t_j) \tag{A.4}$$

2장

2.1 축소 인덱스를 지정하지 않으면 0으로 가정되며 이 경우 열을 추가한다. 이것은 우리에게 [0, 3.2, 0.9]를 준다.

2.2 이 새로운 버전은 메인 학습 루프를 반복할 때마다 매번 같은 것을 사용하지 않고 새로운 경사 하강법 옵티마이저를 생성하기 때문에 원본보다 상당히 느리다.

2.4 첫 번째 텐서 인수는 형태 [4, 3]과 두 번째는 [2, 4, 4]를 가진다. 연결하면 [4, 3, 2, 4, 4]가 된다. 우리는 첫 번째 텐서의 0번째 구성 요소와 두 번째 텐서의 첫 번째 구성 요소의 내적을 취하여 결과적으로 [3, 2, 4]를 생성한다.

3장

3.1 (a) 한 가지 예는 다음과 같다.

```
-2   1   1
-2   1   1
-2   1   1
```

문제 (b)에 대해서는, 그러한 커널이 무한히 많다는 것이 요점이다. 위 커널의 숫자에 양수를 곱하는 것이 예이다.

3.5 구문 측면에서 유일한 차이점은 [1, 2, 2, 1]이 아닌 [1, 1, 1, 1]의 보폭이다. 따라서 maxpool을 한 줄 건너 적용하는 것이 아니고 모든 2 * 2 패치마다 적용한다. maxpool의 보폭이 1인 경우 `convOut`의 모양은 입력 영상 `image`와 같지만 보폭 2의 경우 높이와 너비의 크기가 거의 절반이다. 따라서 첫 번째 질문에 대한 답은 "no"이다. 두 번째 질문에 대하여 생각해 보자. 정답은 "no"이다. 서

로 바로 옆에 작은 값의 두 패치가 있지만 더 큰 값으로 둘러싸인 경우 단일 화소 보폭 출력에는 더 큰 값이 포함된다. 하지만, 이중 화소 보폭에서 큰 값은 인접한 화소값에 의해 없어진다. 마지막으로, 세 번째 질문에 대한 답은 "yes"인데, 첫 번째 경우의 값이 두 번째에서 반복되기 때문이다. 하지만 반대의 경우는 아니다.

3.6 (a) 우리가 만드는 각 커널은 형태가 [2, 2, 3]이며, 이는 커널당 12개의 변수를 의미한다. 커널을 10개 생성하기 때문에 120개의 변수가 생성된다. 커널을 적용하는 횟수는 크기/형태와 관련이 없으므로 배치 크기(100)와 높이/너비(8/8)는 이 답변에 영향을 미치지 않는다.

4장

4.2 E를 0(또는 1)으로 설정하는 것의 중요한 차이점은 NN은 실제 입력을 볼 수 없고 임베딩만 볼 수 있다는 것이다. 따라서 모든 임베딩을 동일한 값으로 설정하면 모든 단어를 동일하게 만드는 효과가 있다. 분명히 이것은 무언가를 학습할 기회를 없앤다.

4.3 L2 정규화를 사용할 때 실제로 총 손실을 계산하려면 모델의 모든 가중치에 대한 가중치 제곱합을 계산해야 한다. 이 값은 계산 그래프의 다른 곳에서는 필요하지 않다. 예를 들어, $w_{i,j}$에 대한 총 손실의 미분을 계산하려면 손실에 $w_{i,j}$에 의하여 추가된 값만 고려하면 된다.

4.5 첫째, 균일 분포에서 선택하는 것보다 낫다. 신경망은 보다 일반적인 단어(예, "the")에 더 높은 확률을 할당하는 방법을 배워야 한다. 그러나 유니그램 모델에는 "입력"이 없으므로 임베딩 또는 선형 유닛 입력 가중치가 필요하지 않다. 그러나 단어 빈도에 따라 확률을 할당하는 방법을 배우도록 이를 수정하기 위하여 바이어스가 필요하다.

5장

5.2 좀 더 복잡한 강조 메커니즘은 시간 t의 디코더 상태를 사용하여 시간 $t + 1$에

서 디코딩에 사용되는 강조를 계산한다. 그러나 우리는 시간 t를 처리할 때까지 이 값을 알지 못한다. 시간에 따른 역전파에서 우리는 모든 단어 윈도우들을 동시에 처리한다. 디코더 윈도우의 첫 번째 위치를 제외하고는 계산에 필요한 입력 상태 값이 없다. 따라서 우리는 시간에 따른 역전파 메커니즘을 새로 만들어야 한다.

5.4 (a) 우리는 좋은 기계 번역을 원한다. 이 방법은 추가된 손실 함수가 가중치를 이동하기 때문에 번역 작업에서 성능이 떨어질 수 있다. 따라서 성능이 저하된다. (b) 그러나 (a)는 학습 데이터에만 해당된다. 다른 예제의 성능에 대해서는 아무것도 말하지 않는다. 두 번째 손실 기능을 추가하면 프로그램이 프랑스어 구조에 대해 더 많이 배울 수 있다. 이것은 새로운 예제에서는 성능을 향상시킬 수도 있을 것이다.

6장

6.3 값 반복에서 상태가 0이 아닌 값을 얻을 수 있는 유일한 방법은 (a) 해당 상태의 액션으로 즉각적인 보상을 얻는 방법이 있거나(상태 14만), 또는 (b) 0이 아닌 값을 갖는 상태(상태 10, 13, 14)로 연결되는 액션을 취할 수 있는 경우이다. 따라서 다른 모든 상태는 0값을 유지해야 한다. 상태 10에는 $Q(14, l)$, $Q(14, d)$ 및 $Q(14, r)$에 대한 최대 Q값이 있다. 각각의 경우에 값은 상태 15에서 끝나고 $0.33 \cdot 0.9 \cdot 0.33 = 0.1$이므로 $V(10) = 0.1$이다. 정확히 같은 방식으로 $V(14) = 0.1$이다. 마지막으로 $V(15)$는 $Q(15, d)$ 또는 $Q(15, r)$에서 값을 가져온다. 두 경우 모두 계산은 $0.33 \cdot 0.9 \cdot 0.1 + 0.33 \cdot 0.9 \cdot 0.33 + 0.33 \cdot 1 = 0.03 + 0.1 + 0.33 = 0.47$.

6.4 REINFORCE에서 가능한 액션을 계산할 때 확률을 저장한 경우 두 번째 패스에서 손실을 계산할 수 있다고 언급했었다. 그러나 이 작업을 수행하고 상태에서 액션 확률로 이어지는 계산을 다시 실행하지 않으면 TF의 역방향 패스는 상태에서 액션을 계산하는 계층을 통해 계산을 다시 추적할 수 없다. 따라서 해당 계층의 값은 업데이트되지 않으며 프로그램은 상태에 대한 더 나은 계층 권장

사항을 계산하는 방법을 배우지 못한다.

7장

7.1 가장자리 값을 무시하려면 첫 번째 계층에 화소를 연결하는 값을 0으로 설정해야 한다. x가 영상 $0 < x < 783$의 1D 버전에서 화소값이라고 하자. i, j가 28 × 28 영상의 화소보다 범위가 넓은 경우, 즉 $x = j + 28i$라고 하면 $i < 2$ 또는 $i > 25$일 때, 또는 $j < 2$ 또는 $j > 25$이고 $0 \leq y \leq 256$라면 다음과 같이 설정한다.

$$\mathbf{E_1}(x, y) = 0$$

7.3

```
tf.nn.conv2d_transpose(smallerI,feat,[1,8,8,1],[1,2,2,1],"SAME")
```

7.5 우리는 마지막 반복 후에 추적 값이 출력되기를 원했다. 범위를 5000으로 설정하면 마지막 반복은 4999이고 5000번째는 수행되지 않을 것이다.

참고자료

| Bibliography |

[BCB14]   Dzmitry Bahdanau, Kyunghyun Cho, and Yoshua Bengio. Neural machine translation by jointly learning to align and translate. *arXiv preprint arXiv:1409.0473*, 2014.

[BCP+88]   Peter Brown, John Cocke, S Della Pietra, V Della Pietra, Frederick Jelinek, Robert Mercer, and Paul Roossin. A statistical approach to language translation. In *Proceedings of the 12th conference on computational linguistics*, pages 71–76. Association for Computational Linguistics, 1988.

[BDVJ03]   Yoshua Bengio, Rejéan Ducharme, Pascal Vincent, and Christian Jauvin. A neural probabilistic language model. *Journal of machine learning research*, 3(Feb):1137–1155, 2003.

[Col15]   Chris Colah. Understanding lstm networks. http://colah.github.io/posts/2015-08-Understanding-LSTMs/, August 2015.

[Doe16]   Carl Doersch. Tutorial on variational autoencoders. *ArXive-prints*, August 2016.

[GB10]   Xavier Glorot and Yoshua Bengio. Understanding the difficulty of training deep feedforward neural networks. In *Proceedings of the thirteenth international conference on artificial intelligence and statistics*, pages 249–256, 2010.

[GBC16]   Ian Goodfellow, Yoshua Bengio, and Aaron Courville. *Deep learning.* MIT Press, 2016.

[Gér17]   Aurélien Géron. *Hands-on machine learning with Scikit-Learn and*

TensorFlow: concepts, tools, and techniques to build intelligent systems. O'Reilly Media, 2017.

[Glo16]   John Glover. An introduction to generative adversarial networks (with code in tensorflow). http://blog.aylien.com/introduction-generative-adversarial-networks-code-tensorflow/, 2016.

[GPAM⁺14]   Ian Goodfellow, Jean Pouget-Abadie, Mehdi Mirza, Bing Xu, David Warde-Farley, Sherjil Ozair, Aaron Courville, and Yoshua Bengio. Generative adversarial nets. In *Advances in neural information processing systems*, pages 2672–2680, 2014.

[HS97]   Sepp Hochreiter and Jürgen Schmidhuber. Long short-term memory. *Neural computation*, 9(8):1735–1780, 1997.

[Iso]   Phillip Isola. Learning to see without a teacher. https://www.youtube.com/watch?v=ck3_7tVuCRs.

[Jan16]   Eric Jang. Generative adversarial nets in tensorflow (part i). http://blog.evjang.com/2016/06/generative-adversarial-nets-in.html, 2016.

[Jul16a]   Arthur Juliani. Simple reinforcement learning with tensorflow part 0: Q-learning with tables and neural networks. https://medium.com/emergent-future, 2016.

[Jul16b]   Arthur Juliani. Simple reinforcement learning with tensorflow part 2: Policy-based agents. https://medium.com/emergent-future, 2016.

[KB13]   Nal Kalchbrenner and Phil Blunsom. Recurrent continuous translation models. In *EMNLP*, volume 3, page 413, 2013.

[KH09]   Alex Krizhevsky and Geoffrey Hinton. Learning multiple layers of features from tiny images. *Technical report, University of Toronto*, 2009.

[KLM96]   Leslie Pack Kaelbling, Michael L Littman, and Andrew W Moore. Reinforcement learning: a survey. *Journal of artificial intelligence research*, 4:237–285, 1996.

[Kri09]   Alex Krizhevsky. The CIFAR–10 dataset. https://www.cs.toronto.edu/]=~kriz/cifar.html, 2009.

[KSH12]   Alex Krizhevsky, Ilya Sutskever, and Geoffrey E Hinton. Imagenet classi-
           fication with deep convolutional neural networks. In *Advances in neural
           information processing systems*, pages 1097−1105, 2012.

[Kur15]   Andrey Kurenkov. A 'brief' history of neural nets and deep learning,
           parts 1−4. http://www.andreykurenkov.com/writing/, 2015.

[KW13]   Diederik P Kingma and Max Welling. Auto-encoding variational Bayes.
           arXiv preprint arXiv:1312.6114, 2013.

[LBBH98]   Yann LeCun, Léon Bottou, Yoshua Bengio, and Patrick Haffner. Gradi-
           ent-based learning applied to document recognition. *Proceedings of the
           IEEE*, 86(11):2278−2324, 1998.

[LBD⁺90]   Yann LeCun, Bernhard E Boser, John S Denker, Donnie Henderson,
           Richard E Howard, Wayne E Hubbard, and Lawrence D Jackel. Hand-
           written digit recognition with a back-propagation network. In *Advances
           in neural information processing systems*, pages 396−404, 1990.

[LeC87]   Yann LeCun. *Modeles connexionnistes de l'apprentissage (connection-
           ist learningmodels)*. PhD thesis, University of Paris, 1987.

[MBM⁺16]   Volodymyr Mnih, Adria Puigdomenech Badia, Mehdi Mirza, Alex
           Graves, Timothy Lillicrap, Tim Harley, David Silver, and Koray Kavuk-
           cuoglu. Asynchronous methods for deep reinforcement learning. In *Inter-
           national conference on machinelearning*, pages 1928−1937, 2016.

[Mil15]   Steven Miller. Mind: how to build a neural network (part one). https://
           stevenmiller888.github.io/mind-how-to-build-a-neural-network, 2015.

[Moh17]   Felix Mohr. Teaching a variational autoencoder (VAE) to draw Mnist
           characters. https://towardsdatascience.com/@felixmohr, 2017.

[MP43]   Warren S McCulloch and Walter Pitts. A logical calculus of the ideas im-
           manent in nervous activity. *Bulletin of mathematical biophysics*, 5(4):
           115−133, 1943.

[MSC⁺13]   Tomas Mikolov, Ilya Sutskever, Kai Chen, Greg S Corrado, and Jeff
           Dean. Distributed representations of words and phrases and their com-

positionality. In *Advances in neural information processing systems*, pages 3111–3119, 2013.

[Ram17]   Suriyadeepan Ram. Scientia est potentia. http://suriyadeepan.github.io/2016−12−31−practical-seq2seq/, December 2017.

[RHW86]   David E Rumelhart, Geoffrey E Hinton, and Ronald J Williams. Learning representations by back-propagating errors. *Nature*, 323(6088):533, 1986.

[RMG⁺87]   David E Rumelhart, James L McClelland, PDP Research Group, et al. *Parallel distributed processing*, volume 1, 2. MIT Press, 1987.

[Ros58]   Frank Rosenblatt. The perceptron: A probabilistic model for information storage and organization in the brain. *Psychological review*, 65(6):386, 1958.

[Rud16]   Sebastian Ruder. On word embeddings—part 1. http://ruder.io/word-embeddings−1/index.html#fnref:1, 2016.

[SB98]   Richard S Sutton and Andrew G Barto. *Reinforcement learning. An introduction*, volume 1. MIT Press, 1998.

[Ten17a]   Google Tensorflow. Convolutional neural networks. https://www.tensorflow.org/tutorials/deep_cnn, 2017.

[Ten17b]   Google Tensorflow. A guide to TF layers: Building a neural network. https://www.tensorflow.org/tutorials/layers, 2017.

[TL]   Rui Zhao Thang Luong, Eugene Brevdo. Neural machine translation (seq2seq) tutorial. https://www.tensorflow.org/tutorials/seq2seq.

[Var17]   Amey Varangaonkar. Top 10 deep learning frameworks. https://datahub.packtpub.com/deep-learning/top−10−deep-learning-frameworks/, May 2017.

[Wil92]   Ronald J Williams. Simple statistical gradient-following algorithms for connectionist reinforcement learning. *Machine learning*, 8(3−4):229−256, 1992.

찾아보기

| Index |